一天一則 Day

日日向上肯定句

精彩英法文版／700

療癒人心悅讀社◎編著

每天都要來點正能量，為自己加油打氣

人生不如意十之八九，每天總會有一些讓自己情緒低落的事情發生，不論事情大小、不管事情嚴重與否，總會讓心情 Blue、情緒打結、腦袋空空。

這時，你需要來點正能量！
也許是一首歌、一句話；也許是一幅畫，一個風景。

繼《一天一則，日日向上肯定句》之後，朱雀文化再度推出《一天一則，日日向上肯定句—精彩英法版 700》，透過精彩的翻譯，將英法文的名言佳句，毫無距離地呈現在讀者面前。

書中收錄了包括詩人、哲學家、作家、思想家、藝術家等西方名人，所說過的名言，經典或演講名句。內容則分為「愛情與友情」、「立志與夢想、成長和學習」、「光陰、人生與青春」、「品德與修養」、「工作和財富」等篇，在平日生活中，這些佳句可做為處事的參考；當人生遇到各種挫折時，前人淬礪心志的生活名言，更能為你帶來正向與光明，跨越種種困境。

心情沮喪時，是激勵人心的力量；
情緒高昂時，是平靜心情的警語。

每天，都要來點正能量！
《一天一則，日日向上肯定句—精彩英法文版 700》，為我們的生活，加點向上的能量！

編註：1. 本書內容所註明之原文及出處已盡力查證，如有譯誤之處，懇請來函指正。謝謝。

2. 本書邊欄中的「E」表示為英文版；「F」則為法文版。

目錄

You shall judge of a man by his foes as well as by his friends. 觀其敵友而知其人

Hold fast to dreams.

堅持你的夢想

知識就像是財富，當獲得越多時，對它的渴望就越強烈。
The desire for knowledge, like the thirst for riches, increases ever with the acquisition of it.

Your time is limited, so don't waste it living someone else's life.

你的時間有限，
所以不要為別人而活。

犯錯是人之常情，而寬恕則是非凡的。
To err is human, to forgive, divine.

Everybody has talent, but ability takes hard work.

天賦人人都有，勤勉才能得到能力。

一天一則 Day 日日向上肯定句

英文版
Edition English

For if dreams die
Life is a broken-winged bird
That cannot fly.
Hold fast to dreams
For when dreams go
Life is a barren field
Frozen with snow.

愛情與友情
Love & Friendship

day 01 | *Love is a great beautifier.*

愛讓一切變美。

Louisa May Alcott 露意莎・梅・奧爾柯特（1832-1888）
美國著名小說家，本句摘自其著作《小婦人》（*Little Women*）。

day 02 | *The worst solitude is to be destitute of sincere friendship.*

失去真誠友情，人將陷入最痛苦的孤獨。

Francis Bacon 法蘭西斯・培根（1561-1626）
英國著名哲學家、政治人物。

day 03 | *Love cannot save you from your own fate.*

愛情不是救命丸，它無法解救你自身的命運。

Jim Morrison 吉姆・莫里森（1943-1971）
美國門戶樂團主唱。

day 04 | *Wives are young men's mistresses, companions for middle age, and old men's nurses.*

妻子是年輕人的情人、中年人的伴侶、老年人的看護。

Francis Bacon 法蘭西斯・培根（1561-1626）
英國哲學家，本句摘自其作品《培根隨筆》（*Essays*）。

date

Tis the last rose of summer	夏日最後的玫瑰
Left blooming alone;	猶仍獨自綻放；
All her lovely companions	往日同伴們都已
Are faded and gone;	凋零殘逝；
No flower of her kindred,	再沒有其他花朵，
No rose-bud is nigh,	沒有其他玫瑰，
To reflect back her blushes,	映襯她的紅潤，
Or give sigh for sigh.	或歎息她的憂傷。

I'll not leave thee, thou lone one!	我不會離開你，使你獨自，
To pine on the stem;	香消玉殞；
Since the lovely are sleeping,	你的友伴已長眠，
Go, sleep thou with them.	去吧，就這樣一同睡去，
thus kindly I scatter	我溫柔地在花床上，
Thy leaves o'er the bed	灑下落葉。
Where thy mates of the garden	在那裡，你花園的伴侶已
Lie scentless and dead.	失去芳芳，無聲無息地安歇。

Soon may I follow,	我也即將追隨你，
When friendships decay,	當友誼褪色，
And from Love's shining circle	愛的華美光環裡
The gems drop away.	寶石也已殞落。
When true hearts lie withered,	真心枯萎，
And fond ones are flown,	真愛逝去，
O! who would inhabit	哦！誰還能
This bleak world alone?	獨留在這淒冷孤獨的世界？

Thomas Moore 湯瑪斯 · 摩爾（1779-1852）
愛爾蘭詩人、作曲家。

date

day 06

A friend is one to whom one may pour out the contents of one's heart, chaff and grain together, knowing that gentle hands will take and sift it, keep what is worth keeping, and with a breath of kindness, blow the rest away.

朋友是你能掏心掏肺的對象，能夠盡情開玩笑也能共患難，深知對方將安慰你的心，所有的苦痛不快終將隨風而逝，只留下珍貴回憶。

George Eliot 喬治・艾略特（1819-1880）
為 Mary Anne Evans 瑪麗・安・艾凡斯的筆名，是英國著名小說家，著有《佛羅斯河畔上的磨坊》（*The Mill on the Floss*）、《米德爾馬契》（*Middlemarch*）等。

day 07

Love is the flower of life, and blossoms unexpectedly and without law, and must be plucked where it is found, and enjoyed for the brief hour of its duration.

愛是生命的花朵，總在意料之外綻放，無視常規。有花堪折直須折，珍惜短暫一瞬間。

David Herbert Richards Lawrence 大衛・赫伯特・勞倫斯（1885-1930）
20 世紀英國作家，是 20 世紀英語文學中最重要的人物之一。

day 08

You gave me the key of your heart, my love;
Then why did you make me knock?

你給了我打開妳心房的鑰匙，
那為何又要我敲門才能進入呢？

Rupert Brooke 魯伯特・布魯克（1887-1915）
英國詩人。

You shall judge of a man by his foes as well as by his friends.

觀其敵友而知其人。

Joseph Conrad 約瑟夫・康拉德（1857-1924）
生於波蘭的英國小說家，為少數以非母語寫作而成名的作家之一，
被譽為現代主義的先驅。本句摘自其作品《吉姆爺》（ *Lord Jim* ）。

day 10

Friendship is a serious affection; the most sublime of all affections, because it is founded on principle, and cemented by time.

友誼對人們而言是一種嚴肅的關係，是最高尚的情感；
因為友情來自於兩個志同道合的人，而隨著時間這段情
誼將更加穩固。

Mary Wollstonecraft 瑪莉・沃斯通克拉夫特（1759-1797）
為 18 世紀英國作家、哲學家和女權主義者。

*Friendship is unnecessary, like philosophy, like art....
It has no survival value; rather it is one of those things which give value to survival.*

友情不是必需品，一如哲學和藝術。它無法讓你活命，
但為你的存在帶來意義。

C.S. Lewis（Clive Staples Lewis）
克利夫・斯特普爾斯・路易斯（1898-1963）
為威爾斯裔英國知名作家，以兒童文學作品《納尼亞傳奇》（ *The Chronicles of Narnia* ）聞名於世。

day 12

The greater your capacity to love, the greater your capacity to feel the pain.

愛的能力越大，感受苦痛的能力也越大。

Jennifer Aniston 珍妮佛 · 安妮斯頓
美國演員，本句摘自《歐普拉》雜誌（Oprah Magazine）。

day 13

My definition of a friend is somebody who adores you even though they know the things you're most ashamed of.

我認為朋友的定義是：他知道你人生中最難堪的一面，但仍然愛你如昔。

Jodie Foster 茱蒂 · 佛斯特
美國演員、導演、製片。

day 14

I would like to be the air that inhabits you for a moment only. I would like to be that unnoticed and that necessary.

我願成為被你吸入的那一絲空氣，那怕只是短暫停留在你身體：不被察覺，卻也不能遺棄。

Margaret Atwood 瑪格麗特 · 愛特伍
加拿大詩人、小說家，本句摘自其著作《變化的睡字》（*Variation on the Word Sleep*）。

day 15

I feel I stand in a desert with my hands outstretched, and you are raining down upon me.

我站在沙漠裡高舉雙手等待甘霖，而妳正是滋潤我的那場雨。

Patricia Highsmith 派翠西亞 · 海史密斯
20 世紀美國小說家，本句摘自其著作《鹽的代價》（*The Price of Salt*）。

day 16

There's been a lot of talk of love,
But that don't amount to nothing,
You can evoke the stars above,
But that doesn't make it something

And the only way to last,
And the only way to live it,
Is to hold on when you get love,
And let go when you give it... give it.

關於愛有很多說法，但並沒有一個結論。
或許星星為你們閃耀著，但這也不代表什麼。
其實讓愛持續存在只有一個方法 ——
相愛的當下好好去愛，當愛情結束時就勇敢放下。

Stars 繁星
加拿大獨立樂團，本句摘自《北國》（The North）專輯歌詞。

date

day 17

My friends are my "estate". Forgive me then the avarice
to hoard them.

朋友是我的「資產」，請容我貪婪地囤積他們吧！

Emily Dickinson 艾蜜莉 · 狄金森（1830-1886）
美國詩人，本句摘自其著作《1953 給薩繆爾· 鮑爾斯的一封信》（*Letter to Samuel Bowles*）。

day 18

I have no will to weep or sing,
No least desire to pray or curse;
The loss of love is a terrible thing;
They lie who say that death is worse.

我不想哭泣或歌唱，
也不願誠心祈求或是大聲咒罵；
失去愛是人世間最糟糕的事；
說死亡更甚者必定在說謊。

Countee Cullen 康堤・卡倫（1903-1946）
20 世紀美國詩人。

day 19

Friendship marks a life even more deeply than love. Love
risks degenerating into obsession, friendship is never
anything but sharing.

友情在人生當中扮演的角色更勝於愛情；因為愛情可能
變質成為迷戀，但友情卻只是單純的無私分享。

Elie Wiesel 艾利・魏瑟爾（1928-2016）
美國作家、政治家、諾貝爾和平獎得主。

day 20

At the innermost core of all loneliness is a deep and
powerful yearning for union with one's lost self.

埋藏在我們心裡最深處的寂寞來自於一股強烈的渴望，
渴望遇到與自己靈魂相契合的另一半。

Brendan Behan 布蘭登・貝漢（1923-1964）
20 世紀愛爾蘭詩人、小說家。

day 21

I love you not only for what you are, but for what I am when I am with you. I love you not only for what you have made of yourself, but for what you are making of me. I love you for the part of me that you bring out.

我愛你不只因為你是你，我亦愛著愛著你的我；
我愛你不只因為你成為了你，我亦愛著你所成就的我；
我愛你，因為你揭露了未知的我。

Elizabeth Barrett Browning 伊莉莎白・巴雷特・白朗寧（1806-1861）
英國維多利亞時期詩人。

day 22

I did not deceive him, he did not deceive me,
I did not leave him, he did not leave me,
I freed him, he freed me.

並不是我欺騙他，也不是他欺騙我；
並不是我離開他，也不是他離開我；
是我讓他自由，他也讓我自由。

Sharon Olds 雪倫・奧茲
美國詩人、2012 普立茲詩獎得主，
本句摘自其著作《詩集：公鹿的跳躍》（*Stag's Leap: Poems*）。

day 23

Worship is not love.
崇拜不等於愛情。
Donald Hall 唐納德・霍爾
美國桂冠詩人。

day 24

If you would taste love, drink of the pure stream that youth pours out at your feet. Do not wait till it has become a muddy river before you stoop to catch its waves.

如果你想體驗愛，掬飲你腳邊流淌的清澈的青春之溪水。你不應無謂地拖延，等到清流變成了渾濁的河水，那時才想起彎腰取用。

Jerome K. Jerome 傑羅姆‧克拉普卡‧傑羅姆（1859-1927）
英國作家，本句摘自其著作《懶人閒思錄》（ *Idle Thoughts of an Idle Fellow* ）。

day 25

If equal affection cannot be,
Let the more loving one be me.

如果對等的愛並不存在，
讓我成為愛得較多的那一個。

W.H. Auden 威斯坦‧休‧奧登（1907-1973）
20 世紀英、美詩人，本句摘自其著作《愛得較多的那一個》（ *The More Loving One* ）。

day 26

There were things I wanted to tell him. But I knew they would hurt him. So I buried them, and let them hurt me.

我知道有些事情告訴他只會傷害他，所以我把這些祕密藏在心裡，讓自己默默承受這些傷。

Jonathan Safran Foer 喬納森‧賽峰‧弗爾
美國小說家，本句摘自其著作《心靈鑰匙》（ *Extremely Loud and Incredibly Close* ）。

day 27

Selfishness is one of the qualities apt to inspire love.

自私是促成愛情的要素之一。

Nathaniel Hawthorne 納撒尼爾‧霍桑（1904-1964）
19 世紀美國小說家。

day 28 | *Perhaps one did not want to be loved so much as to be understood.*

或許與被愛相比，我們希望被理解的感覺更強烈。

George Orwell 喬治 · 歐威爾（1903-1950）
20 世紀英國小說家、社會評論家，本句摘自其作品《一九八四》
（1984）。

day 29 | *But my heart is always propped up in a field on its tripod, ready for the next arrow.*

但我的心仍舊苦撐著，在荒原之中佇立，等待著下一支射中的箭。

Billy Collins 比利 · 科林斯
美國詩人，本句摘自其著作 《漫無目標的愛詩集》（*Aimless Love: New and Selected Poems*）。

day 30 | *As love without esteem is capricious and volatile; esteem without love is languid and cold.*

只有愛沒有尊嚴讓一段關係反覆無常，空有尊嚴沒有愛則讓一段關係冷漠無力。

Jonathan Swift 強納森 · 史威夫特（1667-1745）
17-18 世紀愛爾蘭作家、《格列佛遊記》（*Gulliver's Travels*）作者。

date

day 31

Romantic love is mental illness. But it's a pleasurable one. It's a drug. It distorts reality, and that's the point of it. It would be impossible to fall in love with someone that you really saw.

談戀愛就像是一種心理疾病，但是讓人感覺愉快的那種。它是一種會扭曲現實的藥，所以你愛上的人並不是他表面的樣子。

Fran Lebowitz 芙蘭 · 雷伯維茲
美國作家。

day 32

Everyone wants to ride with you in the limo, but what you want is someone who will take the bus with you when the limo breaks down.

要找到一個願意和你搭禮車的人很容易。但其實妳想要的是一個願意在禮車拋錨時，和妳一起搭公車的人。

Oprah Winfrey 歐普拉 · 溫芙蕾
美國脫口秀節目主持人。

date

day 33

You have never loved me. You have only thought it pleasant to be in love with me.

你從沒愛過我，你只是喜歡愛上我的感覺。

Henrik Ibsen 亨里克 · 易卜生
挪威劇作家，本句摘自其著作《玩偶之家》（ *A Doll's House* ）。

We are not the same persons this year as last; nor are those we love. It is a happy chance if we, changing, continue to love a changed person.

我們與所愛的人都已和過去不同。隨時改變並仍愛著已改變的人是我們的福氣。

W. Somerset Maugham 毛姆（1874-1965）
英國現代小說家、劇作家。

Electric communication will never be a substitute for the face of someone who with their soul encourages another person to be brave and true.

電子通訊永遠無法取代兩人面對面，用靈魂彼此激勵勇敢真誠的感覺。

Charles Dickens 查爾斯・狄更斯（1812-1870）
維多利亞時代英國最偉大的作家。

Sex and beauty are inseparable, like life and consciousness. And the intelligence which goes with sex and beauty, and arises out of sex and beauty, is intuition.

歡愛與美感相輔相乘，如同生命與意識。直覺是隨著性愛與美感而生並與之超越的智慧。

David Herbert Richards Lawrence 大衛・赫伯特・勞倫斯（1885-1930）
20 世紀英國作家，是 20 世紀英語文學中最重要的人物之一。

day 37

We're all a little weird. And life is a little weird. And when we find someone whose weirdness is compatible with ours, we join up with them and fall into mutually satisfying weirdness—and call it love—true love.

人總有些怪癖。生命總有點莫名。當我們找到一樣古怪的人，彼此惺惺相惜，這就是真愛。

Robert Fulghum 羅伯特 · 傅剛
美國作家。

day 38

People think a soul mate is your perfect fit, and that's what everyone wants. But a true soul mate is a mirror, the person who shows you everything that is holding you back, the person who brings you to your own attention so you can change your life.

人們以為精神伴侶是天作之合，而這就是每個人都想要的。但真正的精神伴侶是一面鏡子，他讓你看到所有令你畏縮不前的東西，他讓你開始關注自己，從而改變自己的生活。

Elizabeth Gilbert 伊莉莎白 · 吉兒伯特
美國作家，
本句摘自其著作《享受吧！一個人的旅行》（ *Eat, Pray, Love* ）。

day 39

Maybe love is the only answer.

或許愛是唯一的解答。

Woody Allen 伍迪 · 艾倫
美國導演與喜劇演員，
本句摘自電影本句摘自電影《漢娜姊妹》（Hannah and Her Sisters）。

day 40

To be brave is to love someone unconditionally, without expecting anything in return. To just give. That takes courage, because we don't want to fall on our faces or leave ourselves open to hurt.

無條件、無所求的去愛是真正的勇敢。有勇氣才能付出不求回報，因為我們不想失望，或讓自己暴露受傷的風險。

Madonna 瑪丹娜
美國著名女歌手、演員。

day 41

For it was not into my ear you whispered, but into my heart. It was not my lips you kissed, but my soul.

你傾訴的不是我的耳朵，是我的心；
你親吻的不是我的唇，是我的靈魂。

Judy Garland 茱蒂·嘉蘭（1922-1969）
童星出身的美國女演員及歌唱家。

立志與夢想、成長和學習
Determined & Dream & Learn & Grow

day 42

You have plenty of courage, I am sure," answered Oz. "All you need is confidence in yourself. There is no living thing that is not afraid when it faces danger. The true courage is in facing danger when you are afraid, and that kind of courage you have in plenty.

奧茲巫師說：我相信你已經有足夠的勇氣了，你只需要再多一點自信。沒有任何的生命面對危險可以毫無畏懼；當心生畏懼時仍然勇於面對，這才是真正的勇氣。而你已經具備這種勇氣了。

L. Frank Baum 李曼 · 法蘭克 · 鮑姆
19-20 世紀美國作家、演員、報紙編輯，
本句摘自其著作《綠野仙蹤》（The Wonderful Wizard of Oz）。

day 43

You need to take the traumas and make them part of who you've come to be, and you need to fold the worst events of your life into a narrative of triumph, evincing a better self in response to things that hurt.

你必須接受過去的創傷來成就現在的你，揭露自己最糟糕的人生經歷並走出你的勝利之路。由於這些傷害，你成為了更好的你。

Andrew Solomon 安德魯 · 所羅門
美國作家，本句摘自其於 2014 TED 演講「過去的苦難如何成就現在的你」（How the worst moments in our lives make us who we are）。

date

day 44 But there was one other thing that the grown-ups also knew, and it was this: that however small the chance might be of striking lucky, the chance is there. The chance had to be there.

有一件大人們都知道的事：不論獲得幸運的機會多麼渺茫，幸運仍然存在，它必須存在。

Roald Dahl 羅爾德·達爾（1916-1990）
20 世紀英國作家，本句摘自其著作《查理與巧克力冒險工廠》（*Charlie and the Chocolate Factory*）。

day 45 If you don't like the road you're walking, start paving another one.

如果你不喜歡你所前進的方向，那就開始鋪一條新的路吧！

Dolly Parton 桃莉·芭頓
美國鄉村樂歌手。

day 46 I hope that in this year to come, you make mistakes. Because if you are making mistakes...you're Doing Something.

我希望這一年裡你不斷犯錯，因為犯錯代表你正在付諸行動。

Neil Gaiman 尼爾·蓋曼
英國奇幻小說家。

day 47 Reading is to the mind what exercise is to the body.

閱讀之於心靈，猶如運動之於身體。

Joseph Addison 約瑟夫·艾迪生
英國作家，本句摘自《閒談者》147 期（The Tatler No.147）。

立志
E

Hold fast to dreams	堅持你的夢想
For if dreams die	當沒有夢想
Life is a broken-winged bird	生命就是一隻無法飛翔的
That cannot fly.	折翼小鳥
Hold fast to dreams	堅持你的夢想
For when dreams go	當放棄夢想
Life is a barren field	生命就是一片冰封的
Frozen with snow.	荒蕪草原

Langston Hughes 朗斯頓 · 休斯（1902-1967）
美國詩人、劇作家，本篇摘自其著作《夢想》（*Dream*）。

date

---

day 49

Nobody can teach me who I am. You can describe parts of me, but who I am and what I need - is something I have to find out myself.

沒有人可以告訴我我是誰。你可以拼湊出部分的我，但關於我是誰？我需要什麼？我必須自己找答案。

Chinua Achebe 奇努阿 · 阿切貝（1930-2013）
奈及利亞著名小說家、詩人和評論家。

day 50 Sometimes the best, and only effective, way to kill an idea is to put it into practice.

想要確認一個計畫可不可行，最好也是唯一有效的方法就是付諸行動。

Sydney J. Harris 席德尼 · 哈利斯（1917-1986）
20 世紀美國新聞記者。

day 51 Great dreams aren't just visions, they're visions coupled to strategies for making them real.

夢想不能只有願景，願景必須與策略結合才能實現夢想。

Astro Teller 阿斯楚 · 泰勒
美國企業家、作家，本句摘自其於 2016 TED 演講「慶祝失敗所帶來的好處」（The unexpected benefit of celebrating failure）。

day 52 Are you bored with life? Then throw yourself into some work you believe in with all your heart, live for it, die for it, and you will find happiness that you had thought could never be yours.

你覺得生活乏味嗎？那用全部的心力來實現你的信念吧，用力爭取，至死方休，你將感到前所未有的幸福。

Dale Carnegie 戴爾 · 卡內基（1888-1955）
19-20 世紀美國人際關係學大師、作家。

day 53

Obstacles are those frightful things you see when you take your eyes off your goal.

當你想要放棄目標時，你才會覺得前方的阻礙令人害怕。

Henry Ford 亨利 · 福特（1863-1947）
19-20 世紀美國汽車工程師、企業家。

day 54

Forgive yourself for your faults and your mistakes and move on.

停止自責，原諒自己所犯的錯誤，然後繼續前進吧。

Les Brown 萊斯 · 布朗
美國演說家。

day 55

Regardless of how you feel inside, always try to look like a winner. Even if you are behind, a sustained look of control and confidence can give you a mental edge that results in victory.

不論你心裡怎麼想，對外要盡可能擺出贏家的姿態。就算你仍在後頭苦苦追趕，保持一貫的謹慎和自信可以讓你維持在最佳的心理狀態，進而逆轉為勝。

Arthur Ashe 亞瑟 · 艾許（1943-1993）
20 世紀美國網球運動員。

day 56

All actual heroes are essential men,
And all men possible heroes.

所有英雄必定是人類，所以，
每個人都可能是英雄。

Elizabeth Barrett Browning 伊莉莎白 · 巴雷特 · 白朗寧（1806-1861）
英國維多利亞時期詩人。

day 57

The desire for knowledge, like the thirst for riches, increases ever with the acquisition of it.

知識就像是財富，當獲得越多時，對它的渴望就越強烈。

Laurence Sterne 勞倫斯 · 斯特恩（1713-1768）
18 世紀愛爾蘭小說家。

day 58

Reality can destroy the dream; why shouldn't the dream destroy reality?

大家都說夢想會被現實打敗，但為什麼夢想不可能戰勝現實呢？

George A. Moore 喬治 · 摩爾（1852-1933）
19-20 世紀愛爾蘭小說家。

day 59

Much as we may wish to make a new beginning, some part of us resists doing so as though we were making the first step toward disaster.

我們總是期待一個新的開始，卻又不由得心生抗拒，彷彿跨出一步就要掉入一個災難。

William Throsby Bridges 威廉 · 布里奇斯（1861-1915）
第一次世界大戰澳洲軍官。

date

day 60

Books... are like lobster shells, we surround ourselves with 'em, then we grow out of 'em and leave 'em behind, as evidence of our earlier stages of development.

書本就像是龍蝦殼，我們一開始依賴著他們，漸漸成長，最後將他們拋下。這些龍蝦殼紀錄著我們過往的成長階段和歷程。

Dorothy L. Sayers 桃樂絲 · 利 · 塞耶斯（1893-1957）
19-20 世紀英國偵探小說家，本句摘自其著作《貝羅納俱樂部的不愉快事件》（ The Unpleasantness at the Bellona Club ）。

day 61

The best teacher is experience and not through someone's distorted point of view.

經驗是我們最好的老師，他人的扭曲觀點無法指導我們。

Jack Kerouac 傑克 · 凱魯亞克（1922-1969）
20 世紀美國詩人、小說家，
本句摘自其著作《路途上》（ On the Road ）。

day 62

To be nobody but
yourself in a world
which is doing its best day and night to make you like
everybody else means to fight the hardest battle
which any human being can fight and never stop fighting.

要學著做自己
如同世上的其他人
善用在世上的每一日
奮力面對人生中最艱困的戰役
絕不停止對抗

Edward Estlin Cummings 愛德華 · 艾斯特林 · 卡明斯（1894-1962）
19-20 世紀美國詩人、劇作家、畫家。

day 63

Make up your mind to act decidedly and take the consequences. No good is ever done in this world by hesitation.

你必須下定決心，徹底實踐，並勇於承擔後果。猶豫不決無法讓好事發生。

Thomas Henry Huxley 湯瑪斯 · 亨利 · 赫胥黎（1825-1895）
19 世紀英國生物學家。

day 64

Perfection does not exist - you can always do better and you can always grow.

完美並不存在，但你總是可以做得更好，並在過程中有所成長。

Les Brown 萊斯 · 布朗
美國演說家。

day65

Do not go where the path may lead, go instead where there is no path and leave a trail.

別沿著林間的小路走，探索一個前人未走過的地區並留下一條小徑吧！

Ralph Waldo Emerson 拉爾夫 · 沃爾多 · 愛默生（1803-1882）
19 世紀美國哲學家。

day 66

A man must be big enough to admit his mistakes, smart enough to profit from them, and strong enough to correct them.

一個人必須勇於承認自己的錯誤，並有足夠的智慧從中汲取教訓，然後下定決心力求改變。

John Calvin Maxwell 約翰 · 凱文 · 馬克斯韋爾
美國作家、演說家、牧師。

day 67

I do not know what I may appear to the world, but to myself I seem to have been only like a boy playing on the sea-shore, and diverting myself in now and then finding a smoother pebble or a prettier shell than ordinary, whilst the great ocean of truth lay all undiscovered before me.

我不知道大家如何看待我。但我覺得自己不過是個在海邊戲水的小男孩，不停地尋找圓滑一點的鵝卵石或是漂亮一些的貝殼；但廣袤的知識海洋卻仍然在我眼前，深不可測。

Isaac Newton 艾薩克‧牛頓（1642-1726）
17-18 世紀物理學家。

day 68

Dreams have always expanded our understanding of reality by challenging our boundaries of the real, the possible.

夢想讓我們挑戰現實的界線，化不可能為可能，我們因而對身處的世界有新的認知。

Henry Reed 亨利‧立德（1914-1986）
20 世紀詩人。

day 69

Creativity is a natural extension of our enthusiasm.

讓自己充滿熱忱，你的創意自然會源源不絕。

Earl Nightingale 厄爾‧南丁格爾（1921-1989）
20 世紀美國作家。

day 70

It's only those who do nothing that make no mistakes, I suppose.

我想只有那些什麼事都不做的人才會不犯錯。

Joseph Conrad 約瑟夫 · 康拉德（1857-1924）
英國著名小說家，被譽為現代主義的先驅。
本句摘自其著作《海隅逐客》（*An Outcast of the Islands*）。

day 71

Do not wait: the time will never be 'just right'. Start where you stand, and work whatever tools you may have at your command and better tools will be found as you go along.

不要只想著等待：因為從來沒有一個最好的時機。從你的立足點開始，妥善運用你現有的資源，而一旦你往前進後就會發現更值得運用、更好的資源。

Les Brown 萊斯 · 布朗
美國演說家。

date

day72

Your success will not be determined by your gender or your ethnicity, but only on the scope of your dreams and your hard work to achieve them.

成功不是取決於你的性別或族群，而是你夢想的規模，以及為達成它所做的努力。

Zaha Hadid 扎哈 · 哈蒂（1950-2016）
首位獲得普立茲克建築獎的女性建築師。

day 73 Keep reaching. Keep seeking. Keep using your abilities to bring out the best in those around you, and let them bring out the best in you. Become the next great generation! You can and you will—dare I say it, change the world!

不斷追求新目標。不斷探索新事物。不斷利用自己的能力發掘他人的優點，讓他們激發出自己最大的潛力。成為成功的新一代。我敢說，你能，也將會改變世界！

Bill Nye 比爾‧奈，美國科學家
本句摘自其於「2015 年羅格斯大學畢業演說」(Commencement Speech at Rutgers University in 2015)。

day 74 If you really want something, you have to be prepared to work very hard, take advantage of opportunity, and above all never give up.

若你真的很想要一件事，你得準備好非常努力、善用機會，而最重要的是絕不放棄。

Jane Goodall 珍‧古德
英國動物行為學家，本句摘自楊‧亞祖－貝彤（Yann Arthus-Bertrand）《真實的人類》（HUMAN）紀錄片訪談片段。

day 75 Because you are alive, everything is possible.

因為活著，凡事皆可能。

Thích Nhất Hạnh 一行禪師
越南僧侶。

date

To spend too much time in studies is sloth; to use them too much for ornament, is affectation; to make judgment wholly by their rules, is the humor of a scholar.

讀書費時過多易惰，文采藻飾太盛則矯，全憑條文斷事乃學究故態。

Francis Bacon 法蘭西斯・培根（1561-1626）
著名英國哲學家、政治家、科學家、法學家、演說家和散文作家，是古典經驗論的始祖，本句摘自其作品《培根隨筆》（*Essays*）。

Do not let what you cannot do interfere with what you can do.

不必為做不到的事多加煩惱。

John Wooden 約翰・伍登（1910-2010）
美國籃球教練。

And the secret I've learned to getting ahead is being open to the lessons, lessons from the grandest university of all, that is, the universe itself.

有關獲得成功，我學到的祕密是：敞開心胸接受來自於最宏偉大學——宇宙本身所有的課程。

Oprah Winfrey 歐普拉
美國脫口秀節目主持人，本句摘自其於 2008 年史丹佛大學畢業演說（Commencement Speech at Stanford University in 2008）。

day 79 The only way to achieve our full potential is to channel the talents, ideas and contributions of every person in the world.

完全發揮潛能的唯一途徑,是導入世上每一個人的才華、想法及付出。

Mark Zuckerberg and Priscilla Chan 馬克・祖克柏與普莉希拉・陳
臉書創辦人夫婦,本句摘自其「給女兒的一封信」(A letter to our daughter)。

date

day 80 Be open to learning new lessons even if they contradict the lessons you learned yesterday.

敞開心胸學習新的東西,即使它與你昨天學到的互相抵觸。

Ellen Lee DeGeneres 艾倫・李・狄珍妮
美國脫口秀節目主持人。

day 81 Sometimes it's important to wake up and stop dreaming.

有時候別做夢,及時醒來是非常重要的。

Larry Page 賴利・佩吉
Google 公司 CEO,本句摘自其於 2009 年密西根大學畢業演說,
(Commencement Speech at University of Michigan in 2009)。

Do you want to spend the rest of your life selling sugared water or do you want a chance to change the world ?

你想把餘生浪費在賣糖水上,還是想要個可以改變世界的機會?

Steve Jobs 史蒂芬 • 賈伯斯(1955-2011)
蘋果創辦人,本句為 1987 年說服約翰 • 史卡利(John Sculley)成為蘋果公司執行長的一席話,出自約翰 • 史卡利所著《 蘋果戰爭:從百事可樂到蘋果電腦》(*Pepsi to Apple: A Journey of Adventure, Ideas, and the Future*)一書。

I will never give myself the luxury of thinking 'I've made it.' I'm not the same as I was 20 years ago, but I always set the bar higher.

我絕不會讓自己陶醉在「我已經成功了」的想法裡,我不是 20 年前的我,但我總是把目標訂的更高。

Zaha Hadid 扎哈 • 哈蒂(1950-2016)
首位獲得普立茲克建築獎的女性建築師。

Stay Hungry, Stay Foolish.

求知若飢,虛心若愚。

Steve Jobs 史蒂芬 • 賈伯斯(1955-2011)
蘋果創辦人,本句摘自其於 2005 年史丹佛大學畢業演說
(Commencement Speech at Stanford University in 2005)。

We celebrate the past to awaken the future.

慶祝過去是為了警醒未來。

John Fitzgerald Kennedy 約翰 • 費茲傑拉爾德 • 甘迺迪(1917-1963)
美國第 35 任總統,是美國頗具影響力的甘迺迪政治家族成員,被視為美國自由派的代表。本句摘自「社會安全法簽署 25 周年備註」(Remarks at the 25th Anniversary of the Signing of the Social Security Act)。

day 86 Fortune does favor the bold and you'll never know what you're capable of if you don't try.

運氣的確是眷顧有勇氣的人，如果不嘗試，你永遠不知道你能完成什麼。

Sheryl Sandberg 雪麗・桑德伯格，臉書營運長
本句摘自其作品《挺身而進》（ *Lean In: Women, Work, and the Will to Lead* ）。

day 87 A champion is someone who gets up when he can't.

冠軍就是在站不起來時，還站起來的那一個。

Jack Dempsey 傑克・鄧蒲賽（1895-1983）
美國職業拳擊手，本句摘自其於 1956 年接受《拳擊》（The Ring）雜誌的訪談。

day 88 Don't you ever let a soul in the world tell you that you can't be exactly who you are.

不要讓世界上任何人告訴你：你不能做自己。

Lady Gaga 女神卡卡
美國歌手。

day 89 Make at least one definite move daily toward your goal.

每天拿出一個切實行動，你會離目標越來越近。

Bruce Lee 李小龍（1940-1973）
國際著名華人武術家、武打演員，本句摘自約翰・裡特（John Little）所編著《截拳道》（ *Jeet Kune Do:Bruce Lee's Commentaries on the Martial Way* ）。

day 90 | Without leaps of imagination or dreaming, we lose the excitement of possibilities. Dreaming, after all is a form of planning.

缺乏飛躍的想像力或夢想，我們會失去一切可能性帶給我們的激勵與悸動。夢想，其實是另一種形式的計畫。

Gloria Steinem 葛羅莉亞・斯坦能
美國女權主義者、記者以及社會和政治活動家，
是 20 世紀 60 年代後期和 70 年代婦女解放運動的代表人物。

day 91 | The image is one thing and the human being is another. It's very hard to live up to an image.

理想是一回事，人本身卻是另一回事。要不辜負理想是非常困難的。

Elvis Aaron Presley 貓王（1935-1977）
美國的音樂家和演員，本句摘自 1972 年麥迪遜花園廣場記者招待會
（Madison Square Garden Press Conference 1972）。

day 92 | The important thing is not to stop questioning.

重要的事是永遠不要停止發問。

Albert Einstein 阿爾伯特・愛因斯坦（1879-1955）
20 世紀猶太裔理論物理學家，創立了現代物理學的兩大支柱之一的相對論，也是質能等價公式的發現者。1921 年諾貝爾物理獎得主。本句摘自 1955 年《生活》（LIFE）雜誌，「年長者給年輕人的建議：千萬別失去神聖的好奇心」（Old Man's Advice to Youth: "Never Lose a Holy Curiosity）。

day 93

A champion is someone who gets up when he can't.

冠軍就是在站不起來時，還站起來的那一個。

Jack Dempsey 傑克 · 鄧蒲賽（1895-1983）
美國職業拳擊手，本句摘自其於 1956 年接受《拳擊》（The Ring）雜誌的訪談。

day 94

The bulk of the world's knowledge is an imaginary construction.

世界上所有可稱之為是知識的東西，不外乎都是由人的想像構築出來的。

Helen Adams Keller 海倫 · 凱勒（1880-1968）
美國身心障礙者，教育家。

date

day 95

All things are possible until they are proved impossible — and even the impossible may only be so, as of now.

一切事情都是有可能的，除非它們已被證明是不可能的——甚至那些不可能的事也只能依照這個原則。

Pearl Sydenstricker Buck 賽珍珠（1892-1973）
美國旅華作家，其小說《大地》（*The Good Earth*）於 1932 年獲得普利茲小說獎，本句摘自其著作《橋》（*A Bridge for Passing*）。

day 96 | Without passion, you don't have energy; without energy, you have nothing.

沒有熱忱，你就沒有力量。沒有力量，你什麼都沒有。

Donald John Trump 唐納・川普
美國商業鉅子。

day 97 Hope is the thing with feathers that perches in the soul.

希望如同擁有羽翼一般棲身在靈魂深處。

Emily Elizabeth Dickinson 艾蜜莉・伊麗莎白・狄金森（1830-1886）
美國詩人，本句摘自由湯瑪斯・強森（Thomas H. Johnson）編著的《艾
蜜莉・狄金森全集》（*The Complete Poems of Emily Dickinson*）。

day 98 | It is impossible to live without failing at something, unless you live so cautiously that you might as well not have lived at all – in which case, you fail by default.

一個人不可能活著卻從未在任何事上失敗過，除非你活得
非常戒慎恐懼、小心翼翼，但結果可能是你根本從未真正
活過，在這個狀況下，你還是因為沒活過而未戰先敗了。

J. K. Rowling J.K. 羅琳
英國作家，本句摘自其 2008 年哈佛大學畢業演說（Commencement Speech at Harvard University in 2008）。

day 99

I learned that courage was not the absence of fear, but the triumph over it. The brave man is not he who does not feel afraid, but he who conquers that fear.

我懂得了，勇敢不是無所畏懼，而是戰勝恐懼。勇者不是不害怕的人，而是克服自身恐懼的人。

Nelson Mandela 納爾遜‧曼德拉（1918-2013）
南非總統，本句摘自其著作《漫漫自由路》（*Long Walk to Freedom*）。

day 100

The truth isn't always beauty, but the hunger for it is.

真理並不總是美的，但對真理的渴望卻是美好的。

Nadine Gordimer 內丁‧戈迪默（1923-2014）
南非女作家，1991 年諾貝爾文學獎獲得者。本句摘自 1963 年 5 月《倫敦》（London）雜誌「A Bolter and the Invincible Summer」一文。

day 101

Curiosity is, in great and generous minds, the first passion and the last.

在偉大和慷慨的心智裡，好奇心是首要也是最終的熱情。

Samuel Johnson 約翰遜博士（1709-1784）
英國歷史上最有名的文人之一，本句摘自《約翰遜博士作品集》（*Works of Samuel Johnson*）。

day 102 | The love of knowledge is a kind of madness.

對知識的愛是種狂熱。

Clive Staples Lewis 克利夫 · 斯特普爾斯 · 路易斯（1898-1963）
威爾斯裔英國知名作家及護教家。他以兒童文學作品《納尼亞傳奇》而聞名於世，本句摘自其著作《沉寂的星球》（*Out of the Silent Planet*）。

day 103 | Before everything else, getting ready is the secret of success.

做好準備是成功的首要祕訣。

Henry Ford 亨利 · 福特（1863-1947）
美國汽車工程師與企業家，福特汽車公司的建立者。

光陰、青春與人生
Time & Life & Youth

day 104

The sidelines are not where you want to live your life. The world needs you in the arena.

在場邊旁觀不是你想要的生活，這世界需要你在舞臺中央。

Tim Cook 提姆・庫克
蘋果執行長。

day 105

And then I want you to take a deep breath and trust yourselves to chart your own course and make your mark on the world.

然後我希望你深呼吸，相信自己能夠繪製出自己的人生航線，在世界上留下自己的印記。

Michelle Obama 米歇爾・歐巴馬
美國第一夫人。

day 106

Good friends, good books and a sleepy conscience: this is the ideal life.

擁有好朋友、好書，以及一個迷糊的良知，人生就圓滿了。

Mark Twain 馬克・吐溫（1835-1910）
美國的幽默大師、小說家、作家，亦是著名演說家。

day 107

Remember this: there is no such thing as failure. Failure is just life trying to move us in another direction.

記住這一點：人生沒有所謂的失敗，失敗只是人生試著讓我們轉個方向。

Oprah Winfrey 歐普拉
美國脫口秀節目主持人。

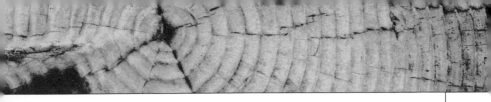

day 108 | *Your time is limited, so don't waste it living someone else's life.*

你的時間有限，所以不要為別人而活。

Steve Jobs 史蒂芬 · 賈伯斯（1955-2011）
蘋果創辦人。

day 109 | *If you aren't in the moment, you are either looking forward to uncertainty, or back to pain and regret.*

如果你沒有活在當下，那麼你無非是翹首待望不確定的未來，抑或是在回憶中痛苦後悔。

Jim Carrey 金 · 凱瑞
美國演員。

day 110 | *I conceive that great part of the miseries of mankind are brought upon them by the false estimates they have made of the value of things.*

我認為，他們所遭受的人類極大的悲苦都是由於他們對事物的價值做出了錯誤的評估而造成的。

Benjamin Franklin 班傑明 · 富蘭克林（1706-1790）
美國著名政治家、科學家，更是傑出的外交家及發明家。他是美國革命時重要的領導人，曾出任美國駐法國大使，成功取得法國支持美國獨立，被視為美國國父之一。

date

day 111

If you love life, don't waste time, for time is what life is made up of.

如果你熱愛生命就不要浪費時間，因為生命就是時間的累積。

Bruce Lee 李小龍（1940-1973）
國際著名華人武術家、武打演員。

day 112

I never thought of losing, but now that it's happened, the only thing is to do it right. That's my obligation to all the people who believe in me. We all have to take defeats in life.

我從未想像我會輸，但事實已然如此，我唯一能做的就是輸得漂亮。這也是我為那些相信我的人應盡的義務。任何人都會在一生當中打敗仗的。

Muhammad Ali 穆罕默德‧阿里（1942-2016）
美國拳擊手。

day 113

Life is a tragedy when seen in close-up, but a comedy in long-shot.

近看生命盡是苦難，遠看生命則如喜劇。

Charlie Chaplin 查爾斯‧卓別林（1889-1977）
英國喜劇演員及反戰人士，後來也成為一名非常出色的導演。

day 114

Life is like riding a bicycle. To keep your balance you must keep moving.

人生就像騎單車。想保持平衡就得往前走。

Albert Einstein 阿爾伯特‧愛因斯坦（1879-1955）
20 世紀猶太裔理論物理學家，創立了現代物理學的兩大支柱之一的相對論，也是質能等價公式的發現者。1921 年諾貝爾物理獎得主。

Unless I feel like I'm working on the most important problem that I can help with, then I'm not going to feel good about how I'm spending my time.

除非我花費的時間是為了重要的事，否則我會覺得在浪費時間。

Mark Zuckerberg and Priscilla Chan 馬克‧祖克柏與普莉希拉‧陳 臉書創辦人夫婦。

day 116

Our lives begin to end the day we become silent about things that matter.

當我們對重要的事變得沉默，我們的人生便開始失去價值。

Martin Luther King Jr. 小馬丁 ‧ 路德 ‧ 金恩（1929-1968） 美國牧師、社會運動者、人權主義者和非裔美國人民權運動領袖， 也是 1964 年諾貝爾和平獎得主。

date

If you live each day as if it was your last, someday you'll most certainly be right.

如果你把每天都當成最後一天來過，總有一天你會證明自己是對的。

Steve Jobs 史蒂芬 ‧ 賈伯斯（1955-2011） 蘋果創辦人。

day 118

Living is like tearing through a museum. Not until later do you really start absorbing what you saw, thinking about it, looking it up in a book, and remembering — because you can't take it all in at once.

生活就像在博物館裡走過場，要過一陣子你才開始吸收你的所見，思考它們，讀書瞭解它們，記憶它們——因為你不能一下子全部消化。

Audrey Hepburn 奧黛莉・赫本（1929-1993）
英國知名音樂劇與電影女演員。

day 119

Life is Wide, Limitless. There is No Border, No Frontier.

生命是寬廣的、沒有侷限、沒有界線，亦沒有疆界。

Bruce Lee 李小龍（1940-1973）
國際著名華人武術家、武打演員。

day 120

Life is not a series of gig-lamps symmetrically arranged; but a luminous halo, a semi-transparent envelope surrounding us from the beginning of consciousness to the end.

生活不是一系列對稱的車燈，而是一圈光暈，一個始終包圍著我們意識的半透明層。

Virginia Woolf 維吉妮亞・吳爾芙（1882-1941）
英國作家，被譽為 20 世紀現代主義與女性主義的先鋒。

date

Have regular hours for work and play, make each day both useful and pleasant, and prove that you understand the worth of time by employing it well. Then youth will be delightful, old age will bring few regrets, and life become a beautiful success, in spite of poverty.

定時工作並玩樂，讓每天都是有用且快樂的，好好利用時間，藉此證明你瞭解時間的價值，也讓年輕時更快樂，年老時更不會後悔，得到一個美麗成功的人生。

Louisa May Alcott 露意莎 · 梅 · 奧爾柯特（1832-1888）
美國著名小說家。

Eternity is a long time, especially towards the end.

永恆是很長的時間，特別是對盡頭而言。

Stephen William Hawking 史蒂芬 · 威廉 · 霍金
英國著名物理學家與宇宙學家。

Life is not always a matter of holding good cards, but sometimes, playing a poor hand well.

人生不只是握有一付好牌，有時候也是把一付壞牌打好。

Jack London 傑克 · 倫敦（1876-1916）
美國 20 世紀著名現實主義作家。

day 124

Clocks slay time... time is dead as long as it is being clicked off by little wheels; only when the clock stops does time come to life.

時鐘殺死時間……齒輪滴答作響,時間隨之死去。唯有關掉時鐘,時間才復活。

William Faulkner 威廉 · 福克納 (1897-1962)
美國小說家、詩人和劇作家,為美國文學歷史上最具影響力的作家之一,意識流文學在美國的代表人物。

⋯⋯ ◆ ⋯ ◆ ⋯ ◆ ⋯ ◆ ⋯ ◆ ⋯ ◆ ⋯ ◆ ⋯ ◆ ⋯ ◆ ⋯ ◆ ⋯ ◆ ⋯

day 125

A man's got to take a lot of punishment to write a really funny book.

要寫出一本有趣的書得受盡不少折磨。

Ernest Miller Hemingway 厄尼斯特 · 米勒 · 海明威 (1899-1961)
美國記者和作家,被認為是 20 世紀最著名的小說家之一。

day 126

Happiness lies in good health and a bad memory.

健康和忘性是幸福的祕訣。

Charlie Chaplin 英格麗 · 褒曼 (1915-1982)
瑞典國寶級電影女演員,
曾獲三座奧斯卡金像獎,《北非諜影》 (Casablanca) 的主演。

day 127

We don't get a chance to do that many things, and every one should be really excellent.

人這輩子沒辦法做太多事,所以每一件事情都要做到精采絕倫。

Steve Jobs 史蒂芬 · 賈伯斯 (1955-2011)
蘋果創辦人。

My pain may be the reason for somebody's laugh.
But my laugh must never be the reason for somebody's pain.

我的苦痛或許是別人的消遣娛樂。
但消遣別人的痛苦絕不會是我的娛樂。

Charlie Chaplin 查爾斯 · 卓別林（1889-1977）
英國喜劇演員及反戰人士，後來也成為一名非常出色的導演。

We are imprisoned in the realm of life, like a sailor on his tiny boat, on an infinite ocean.

我們囚禁於生命之中，像是無盡汪洋上孤舟裡的水手。

Anna Freud 安娜 · 佛洛伊德（1895-1982）
精神分析學家。

Luck is everything... My good luck in life was to be a really frightened person. I'm fortunate to be a coward, to have a low threshold of fear, because a hero couldn't make a good suspense film.

一切都要靠運氣。我的好運就是天生膽小如鼠。我很幸運是個懦夫，很容易心驚膽顫……太勇敢的人可拍不出驚悚電影。

Alfred Hitchcock 希區考克（1899-1980）
世界聞名的英國國籍和美國國籍電影導演，
他尤其擅長拍攝驚悚懸疑片。

day 131

We are just an advanced breed of monkeys on a minor planet of a very average star. But we can understand the Universe. That makes us something very special.

我們只是尋常星球裡一顆平凡星球上的厲害猴子，但我們瞭解宇宙的奧妙，這讓人類與眾不同。

Stephen Hawking 史蒂芬‧霍金
物理學家、宇宙學家。

day 132

There is a pleasure in the pathless woods, There is a rapture on the lonely shore.

密林間自有樂趣，孤獨渡口藏狂喜。

James Fenimore Cooper 詹姆斯‧庫柏（1789-1851）
作家、詩人，最早贏得國際聲譽的美國作家之一。

date

day 133

Not I, nor anyone else can travel that road for you. You must travel it by yourself. It is not far. It is within reach. Perhaps you have been on it since you were born, and did not know.
Perhaps it is everywhere - on water and land.

沒有人能代你前行，我也無法幫助你。你得自己走過這條路。它不漫長，你終能到達終點。也許你出生時就已上路，只是你不知道。不管是水路或陸路，它無所不在。

Walt Whitman 沃爾特‧惠特曼（1819-1892）
美國文壇中最偉大的詩人之一，有自由詩之父的美譽。因處於超驗主義與現實主義間的變革時期，因此著作兼併了二者文風。

day 134

Every trail has its end, and every calamity brings its lesson!

小徑崎嶇終將盡，世間不幸必帶來領悟！

James Fenimore Cooper 詹姆斯 · 庫柏（1789-1851）
作家、詩人，最早贏得國際聲譽的美國作家之一。

day 135

Do not fear death so much, but rather the inadequate life.

死亡不足懼，可畏的是活得不盡興。

Bertolt Brecht 貝托爾特·布萊希特（1898-1956）
德國戲劇家、詩人。

day 136

Age is a case of mind over matter. If you don't mind, it don't matter.

年齡的問題取決於一個人心裡是否介意，如果你不介意，那就不成問題。

Satchel Paige 薩奇 · 佩吉（1906-1982）
20 世紀出色的非洲裔美國人棒球選手，是美國職棒大聯盟史上曾經出賽和第一次出賽年紀最大的球員，大聯盟最後一次出場比賽時，已 59 歲。

day 137

The golden moments in the stream of life rush past us, and we see nothing but sand; the angels come to visit us, and we only know them when they are gone.

我們視人生黃金時刻如流沙：總在天使離去後才明白他們曾經造訪。

George Eliot 喬治 · 艾略特（1819-1880）
為 Mary Anne Evans 瑪麗 · 安 · 艾凡斯的筆名，是英國著名小說家，著有《佛羅斯河畔上的磨坊》（ *The Mill on the Floss* ）、《米德爾馬契》（ *Middlemarch* ）等。

day 138

You'll never find a rainbow if you're looking down.

老是低頭就見不到天空的彩虹。

Charlie Chaplin 查爾斯 · 卓別林（1889-1977）
英國喜劇演員及反戰人士，後來也成為一名非常出色的導演。

day 139

Remember, remember, this is now, and now, and now.
Live it, feel it, cling to it. I want to become acutely
aware of all I've taken for granted.

勿忘、勿忘，就是現在、此刻、即時。活在其中，感覺它，
緊握不放。我想深刻體驗我曾視為理所當然的一切。

Sylvia Plath 雪維亞·普拉絲（1932-1963）
美國天才詩人、小說家及短篇故事作家。

day 140

This one moment when you know you're not a sad story.
You are alive and you stand up and see the lights on
the buildings and everything that makes you wonder.
And you're listening to that song on that drive with
the people you love most in this world. And in this
moment, I swear, we are infinite.

在那個時刻，你發現你的人生不再是個悲劇。你好端端
地站著，注視著路旁大樓閃爍的燈光，感受讓你覺得驚
喜的一切。你聽著那首旅行時必聽的歌，身旁是你在這
個世界上最愛的人。也是在那個時刻，我可以信誓旦旦
地說，我們沒有極限。

Stephen Chbosky 史蒂芬·切波斯基
美國作家、導演，
本文摘自其著作《壁花男孩》（ *The Perks of Being a Wallflower* ）。

day 141

You never know what worse luck your bad luck has saved you from.

說不定厄運阻止了更大的不幸。

Cormac McCarthy 戈馬克・麥卡錫
為知名美國小說家，被譽為是海明威與福克納的唯一後繼者。

day 142

Dance first. Think later. It's the natural order.

先跳舞再思考是自然的韻律。

Samuel Beckett 山繆・貝克特（1906-1989）
20 世紀愛爾蘭、法國作家，戲劇、小說和詩歌皆有其代表作，
是荒誕派戲劇的重要代表人物。

day 143

Our Generation has had no Great war, no Great Depression. Our war is spiritual. Our depression is our lives.

「世界大戰」 及「經濟大蕭條」不存在於我們的世代。
但我們面臨的是自我精神層面的戰爭，是沮喪的人生。

Chuck Palahniuk 恰克・帕拉尼克
美國越界小說家和自由記者，
以 1996 年發表的小說《搏擊俱樂部》（*Fight Club*）最為聞名。

day 144

Not all those who wander are lost.

漫步而行並不代表迷失。

John Ronald Reuel Tolkien
約翰・羅納德・魯埃爾・托爾金（1892-1973）
英國作家、詩人，以創作經典嚴肅奇幻作品《哈比人歷險記》（*The Hobbit*）、《魔戒》（*The Lord of the Rings*）與《精靈寶鑽》（*The Silmarillion*）而聞名於世。

光陰
E

day 145 | *In order to live free and happily you must sacrifice boredom. It is not always an easy sacrifice.*

為了讓生活過的自由快樂你必須犧牲原來百無聊賴的生活方式，這從來不簡單。

Richard Bach 李察 ‧ 巴哈
美國著名小說家、飛行員，以《天地一沙鷗》（*Jonathan Livingston Seagull*）一書打響名堂，成為知名作家。

day 146 | *Adventures do occur, but not punctually. Life rarely gives us what we want at the moment we consider appropriate.*

挑戰不會在對的時間出現，生命不會讓我們予取予求。

Stephen Hawking 愛德華 ‧ 摩根 ‧ 福斯特（1879-1970）
19-20 世紀英國作家，曾榮獲英國最古老的文學獎詹姆斯 ‧ 泰特 ‧ 布萊克紀念獎。本句摘自其著作《印度之旅》（*A Passage to India*）。

day 147 | *Self expression is a vital part of understanding life, and enjoying it to the full.*

勇於展現自我對理解人生意義來說至關緊要，好好享受每個表現的機會吧。

James Fenimore Cooper 奧利佛 ‧ 波登
英國作家安東 ‧ 吉爾（Anton Gill）筆名，本句摘自其著作《刺客教條：文藝復興》（*Assassin's Creed: Renaissance*）。

What are heavy?	重如泰山是什麼？
sea-sand and sorrow.	是海沙及悲傷。
What are brief?	稍縱即逝是什麼？
today and tomorrow.	是今日及明日。
What are frail?	不堪一擊是什麼？
spring blossoms and youth.	是春天的花朵及年輕的歲月。
What are deep?	深不可測是什麼？
the ocean and truth.	是海洋還有真理。

Christina Rossetti 克里斯蒂娜・羅塞蒂（1830-1894）
19 世紀英國詩人，以長詩《精靈市場》（Goblin Market）與聖誕歌《In the Bleak Midwinter》而聞名。

day 149

We turn not older with years but newer every day.

年歲的增長並不表示我們逐漸老去，我們反而是在每一天當中發現嶄新的自己。

Emily Dickinson（Emily Elizabeth Dickinson）
艾蜜莉・狄金森（1830-1886）
美國詩人。

day 150

To the well-organized mind, death is but the next great adventure.

對於一個心智堅強的人而言，死亡不過是另一場冒險的開始。

J. K. Rowling 喬安娜・羅琳
英國作家，本句摘自其著作《哈利波特：神祕的魔法石》（*Harry Potter and the Sorcerer's Stone*）。

day 151

Wanting to be someone else is a waste of the person you are.

妄想成為他人只是浪費了自己的天賦。

Kurt Cobain 柯特 · 寇本（1967-1994）
美國超脫樂團主唱。

day 152

VLADIMIR: What do they say?
ESTRAGON: They talk about their lives.
VLADIMIR: To have lived is not enough for them.
ESTRAGON: They have to talk about it.

弗拉季米爾：他們在說什麼？
愛斯特拉岡：他們在談論他們的生活。
弗拉季米爾：對他們來說好好地活著還不夠。
愛斯特拉岡：他們必須要談論他們的生活。

Samuel Beckett 山繆 · 貝克特（1906-1989）
20 世紀愛爾蘭、法國作家，戲劇、小說和詩歌皆有其代表作，
是荒誕派戲劇的重要代表人物。
本句摘自其著作《等待果陀》（*Waiting for Godot*）。

day 153

Normal is an illusion. What is normal for the spider is chaos for the fly.

「正常」不過是一種假象，對蜘蛛而言再正常不過的事情，卻可能是困在蜘蛛網上蒼蠅的夢魘。

Charles Addams 查爾斯 · 亞當斯（1912-1988）
20 世紀美國卡通漫畫家。

Don't look forward to the day you stop suffering, because when it comes you'll know you're dead.

不要對苦難結束的那天有所期待，因為那時你的生命已經結束了。

Tennessee Williams 田納西 · 威廉斯（1911-1983）
本名湯瑪斯 · 拉尼爾 · 威廉斯三世（Thomas Lanier Williams III），20 世紀最重要的劇作家之一。以《慾望街車》（*A Streetcar Named Desire*）及《熱鐵皮屋頂上的貓》（*Cat on a Hot Tin Roof*）贏得普利茲戲劇獎。

When I hear somebody sigh, 'Life is hard,' I am always tempted to ask, 'Compared to what?'

每當我聽到有人感嘆人生很艱難，我都不禁想問：是拿人生與什麼比較呢？

Sydney J. Harris 席德尼 · 哈利斯（1917-1986）
20 世紀美國新聞記者。

The great object of life is sensation- to feel that we exist, even though in pain.

易感的心是生命珍貴的資產，就算感受到的是痛苦，這些感受讓我們知道自己的存在。

George Gordon Byron 喬治 · 戈登 · 拜倫（1788-1824）
18-19 世紀英國詩人、革命家，獨領風騷的浪漫主義文學泰斗。

You cannot find peace by avoiding life.
你無法藉由躲避現實來尋求內心的平靜。

Virginia Woolf 維吉尼亞 · 吳爾芙（1882-1941）
英國維多利亞時期小說家，
被譽為 20 世紀現代主義與女性主義的先鋒。

day 158

Drink and dance and laugh and lie,
Love, the reeling midnight through,
For tomorrow we shall die!
(But, alas, we never do.)

喝酒，跳舞，開懷大笑，直到倒下
用力去愛，徹夜狂歡
因為明天我們可能都會死去！
（唉，但有誰真的照做呢？）

Dorothy Parker 桃樂絲‧派克（1893-1967）
19-20 世紀美國詩人，
本句摘自其著作《死亡與稅》（*Death and Taxes*）。

day 159

I know that if you think life's a vending machine
where you put in virtue and you get out happiness,
then you're probably going to be disappointed.

如果你覺得人生就像自動販賣機一樣，只要循規蹈矩就
會換得幸福，那你可能要對人生失望了。

Allan Ball 艾倫‧鮑爾
美國演員、編劇，本句摘自其著作《六呎風雲》（*Six Feet under*）。

⋯⋯✦⋯✦⋯✦⋯✦⋯⋯✦⋯✦⋯✦⋯✦⋯✦⋯✦⋯⋯

day 160

Why didn't I learn to treat everything like it was the
last time. My greatest regret was how much I believed
in the future.

為何我總是沒學會把每一次機會都當作最後一次呢？我
最後悔的事就是把所有希望都寄託在未來。

Jonathan Safran Foer 喬納森‧賽峰‧弗爾
美國小說家，本句摘自《心靈鑰匙》（*Extremely Loud and Incredibly Close*）。

day 161 | *Your only obligation in any lifetime is to be true to yourself. Being true to anyone else or anything else is not only impossible, but the mark of a fake messiah.*

你在人生當中唯一的要務就是忠於自我。你無法顧及他人及其他事物，而且這麼做只會讓你變成一個假的救世主。

Richard Bach 李察 · 巴哈
美國著名小說家、飛行員，以《天地一沙鷗》（*Jonathan Livingston Seagull*）一書打響名堂，成為知名作家。

day 162 | *Why should we think upon things that are lovely? Because thinking determines life. It is a common habit to blame life upon the environment. Environment modifies life but does not govern life. The soul is stronger than its surroundings.*

為何我們必須覺得萬物很美好呢？因為思考的方式決定我們的人生。我們總會把生活的不如意怪罪於環境，但環境只不過是點綴我們的人生樣貌，而非支配我們的人生。我們的靈魂握有掌控自己人生的力量。

William James 威廉 · 詹姆士（1842-1910）
19-20 世紀美國哲學家、心理學家。

光陰
E

I cannot rest from travel: I will drink
我不能歇息，我要細細品嘗人生這杯酒，
Life to the lees:all times I have enjoyed
直到見底：這些我深刻感受到的喜悅，

Greatly, have suffered greatly, both with those
承受的巨大苦難，
That loved me, and alone; on shore, and when
不論是隻身一人或與愛我的人同行，
Through scudding drifts the rainy Hyades
不論我在岸上、或在潮濕雨季的幽暗海上漂流。

Alfred, Lord Tennyson 阿佛烈 · 丁尼生（1809-1892）
19 世紀英國桂冠詩人，本句摘自其著作《尤里西斯》（*Ulysses*）。

day 164

We all die. The goal isn't to live forever, the goal is to create something that will.

人終將一死。人生的目的從來不在長生不老，而是留下永垂不朽的事蹟。

Chuck Palahniuk 恰克 · 帕拉尼克
美國越界小說家和自由記者，
以 1996 年發表的小說《搏擊俱樂部》（*Fight Club*）最為聞名。

day 165

I really don't think life is about the I-could-have-beens. Life is only about the I-tried-to-do. I don't mind the failure but I can't imagine that I'd forgive myself if I didn't try.

我從不覺得人生是關於「我可以完成什麼」，而是「我嘗試做了什麼」；我不在意失敗，但我無法原諒自己沒有嘗試過。

Nikki Giovanni 妮基 · 喬瓦尼
美國詩人。

The secret of success is learning how to use pain and pleasure instead of having pain and pleasure use you. If you do that, you're in control of your life. If you don't, life controls you.

成功的祕訣在於從苦難和安逸當中學習,而非讓這些經歷影響你。善用這些經歷讓你掌握人生,否則便會被這些經歷綁架你的人生。

Tony Robbins 托尼 · 羅賓斯
美國作家、演說家。

day 167

Sometimes it's only the young ones who are crazy enough to change the world.

有時僅有青春年少的狂熱才足以撼動這個世界。

Diana Peterfreund 黛安娜 · 彼得佛倫德
美國青少年小說家,本句摘自其著作《穿越滿天星斗的海》(*Across a Star-Swept Sea*)。

Perhaps any life is such: different stories like different strands, each distinct in itself, each true, yet wound together to form one rope, one life.

我想人生的樣貌是:每個人生故事就像是一條細線,每條線都是獨特且真實的經歷,但彼此間又緊緊纏繞;這些細線組成了一條繩索,也就是人生。

Lee Smith 李 · 史密斯
美國退休大聯盟棒球員,
本句摘自《地球的過客》(*Guests on Earth*)。

date

day 169

The secret of success is to be in harmony with existence, to be always calm to let each wave of life wash us a little farther up the shore.

成功的祕密在於與人生中的滾滾波濤和平共處。保持鎮定，波浪將一點一點地推著我們靠岸。

Cyril Connolly 西里爾 · 康諾利（1903-1974）
20 世紀英國文學批評家。

day 170

Childhood is not from birth to a certain age and at a certain age. The child is grown, and puts away childish things. Childhood is the kingdom where nobody dies.

「童年」不代表特定的年紀，也並非特定的人生階段。每個孩子都會長大成人並逐漸擺脫稚氣，但童年則是一個沒有人會老去的國度。

Edna St. Vincent Millay 埃德娜 · 聖文森特 · 米萊（1892-1950）
美國 20 世紀詩人，第一位女性獲得普利茲詩歌獎。

day 171

He not busy being born is busy dying.

人若不是忙著活，就是趕著死。

Bob Dylan 巴布 · 狄倫
美國歌手、藝術和作家。

date

My whole life is waiting for the questions to which I have prepared answers.

我此生一直在等待著挑戰我的難題，而我早已準備好問題的解答。

Tom Stoppard 湯姆 · 斯托帕德
奧斯卡金像獎劇作家。

A great source of calamity lies in regret and anticipation; therefore a person is wise who thinks of the present alone, regardless of the past or future.

不論是奢望著未來或是悔恨著過去都只是讓自己深陷不幸的泥沼，一個有智慧的人知道把握當下的重要性。

Oliver Goldsmith 利弗 · 戈德史密斯（1728-1774）
18 世紀愛爾蘭詩人、作家、醫生。

Since people are going to be living longer and getting older, they'll just have to learn how to be babies longer.

人們註定會日漸老去，但活得越長久越需要學會保有一顆赤子之心。

Andy Warhol 安迪 · 沃荷（1928-1987）
20 世紀美國藝術家、印刷家、電影攝影師，
是視覺藝術運動普普藝術最有名的開創者之一。

光陰
E

Why should we think upon things that are lovely?
為何我們必須覺得萬物很美好呢？
Because thinking determines life.
因為思考的方式決定我們的人生。

It is a common habit to blame life upon the environment.
我們總會把生活的不如意怪罪於環境，
Environment modifies life but does not govern life.
但環境只不過是點綴我們的人生樣貌，
而非支配我們的人生。

The soul is stronger than its surroundings.
我們的靈魂握有掌控自己人生的力量。

William James 威廉‧詹姆士（1842-1910）
19-20 世紀美國哲學家、心理學家。

Never be bullied into silence. Never allow yourself to be made a victim. Accept no one's definition of your life; define yourself.

不要因受到壓迫而噤聲，也不要讓自己成為受害者。要相信沒有人可以定義你的人生，只有你自己可以。

Robert Lee Frost 羅伯特‧李‧佛洛斯特（1874-1963）
19-20 世紀美國詩人，曾四度獲得普立茲獎。

People have scars in all sorts of unexpected places like secret road maps of their personal histories, diagrams of all their old wounds. Most of our old wounds heal leaving nothing behind but a scar, but some of them don't. Some wounds we carry with us everywhere and though the cut's long gone, the pain still lingers.

我們都會不經意在身上留下疤痕。每個人的人生歷程涵蓋著一個祕密地圖，上頭標記著過去所受過的傷；大部分的傷口已經復原並變成一道疤，但卻有些傷口雖然不在了，心裡仍然覺得痛苦。而我們會帶著這些痛苦，繼續人生的旅途。

Shonda Rhimes 珊達・萊梅斯
美國影集編劇，
本句摘自其編劇作品《實習醫生》（*Grey's Anatomy*）。

品德與修養
Training & Behavior

day 178 There is no virtue so truly great and godlike as justice.

沒有任何美德和正義一樣，如此重要而神聖。

Joseph Addison 約瑟夫 · 艾迪生（1672-1719）
英國作家，本句摘自於《衛報》（The Guardian, 1713）。

day 179 I fancied I had some constancy of mind because I could bear my own sufferings, but found through the sufferings of others I could be weakened like a child.

我想我是一個心智健全的人；我有堅強的意志承受自己的苦難，但看到他人受苦時，又頓時感覺自己像個脆弱的孩子。

Sarah Fielding 莎拉 · 菲爾丁（1710-1768）
18 世紀英國兒童文學作家。

day 180 Censure is the tax a man pays to the public for being eminent.

受大眾譴責是種「有名稅」。

Jonathan Swift 強納遜 · 史威弗特（1667-1745）
諷刺文學大師，以《格列佛遊記》（Gulliver's Travels）等著作聞名於世。
本句摘自《對各種學科的想法》（Thoughts on Various Subjects）。

day 181 Fools rush in where angels fear to tread.

智者避之，愚者趨之。

Alexander Pope 亞歷山大 · 波普（1688-1744）
18 世紀英國最偉大的詩人，
本句摘自其著作《論批評》（An Essay on Criticism）。

品德
E

day 182

It is obvious that we can no more explain a passion to a person who has never experienced it than we can explain light to the blind.

很明顯，我們無法向沒有經歷過熱情的人解釋熱情，如同我們無法向盲人解釋光。

T. S. Eliot 托馬斯 · 艾略特（1888-1965）
詩人、評論家、劇作家，其作品對 20 世紀乃至今日的文學史上影響極為深遠。本句摘自其「哲學博士學位論文」（Doctoral dissertation in philosophy; submitted to Harvard in 1916. Knowledge and Experience in the Philosophy of F.H. Bradley）。

day 183

Fame is a vapor; popularity an accident; the only earthly certainty is oblivion.

「名聲」是蒸氣，「聲望」如意外，在地球上唯一可以確定的事情是被遺忘掉。

Mark Twain 馬克 · 吐溫（1835-1910）
美國的幽默大師、小說家、作家，亦是著名演說家，
本句摘自《馬克吐溫雜記》（*Mark Twain's Notebook*）。

day 184

To err is human, to forgive, divine.

犯錯是人之常情，而寬恕則是非凡的。

Alexander Pope 亞歷山大 · 波普（1688-1744）
18 世紀英國最偉大的詩人，
本句摘自其著作《論批評》（*An Essay on Criticism*）。

day 185

Always bear in mind that your own resolution to succeed, is more important than any other one thin.

永遠記住：你爭取成功的決心才是最重要的。

Abraham Lincoln 亞伯拉罕 · 林肯（1809-1865）
第 16 任美國總統，1861 年 3 月就任，直至 1865 年 4 月遇刺身亡。
林肯領導美國經歷南北戰爭，廢除了奴隸制。本句摘自他所寫的「致
艾沙姆 · 李維斯」（Letter to Isham Reavis）。

day 186

Feelings come and go like clouds in a windy sky. Conscious breathing is my anchor.

感覺像是雲朵飄在那有風的天空，有意識的呼吸是我安住之所。

Thích Nhất Hạnh 一行禪師
越南僧侶，本句摘自其著作《步入解脫》（*Stepping into Freedom: Rules of Monastic Practice for Novices*）。

day 187

Those who would give up essential Liberty, to purchase a little temporary Safety, deserve neither Liberty nor Safety.

準備用自由換取暫時安全的人們，既不配得到自由，也不配得到安全。

Benjamin Franklin 班傑明 · 富蘭克林（1706-1790）
美國著名政治家、科學家，更是傑出的外交家及發明家。他是美國革
命時重要的領導人，曾出任美國駐法國大使，成功取得法國支持美國
獨立，被視為美國國父之一。本句摘自其「代賓州議會回覆州長書信」
（Pennsylvania Assembly:Reply to the Governor）。

It takes courage to choose hope over fear.

選擇希望而非恐懼需要勇氣。

Mark Zuckerberg and Priscilla Chan 馬克‧祖克柏與普莉希拉‧陳
臉書創辦人夫婦，本句摘自「2016 年 4 月臉書 F8 開發者活動演說」
（Facebook's F8 developers event on 12 April 2016）。

day 189

Your most unhappy customers are your greatest source of learning.

不快樂的顧客是你最好的學習來源。

Bill Gates 比爾‧蓋茲
微軟創辦人，本句摘自其於「微軟 2008 技術開發者論壇演說」
（Bill Gates Keynote: Microsoft Tech‧Ed 2008- Developers）。

Prejudice is a disease. So is fashion. But I will not wear prejudice.

偏見是種病，時尚也是，但我不會穿上偏見。

Lady Gaga 女神卡卡
美國歌手，本句摘自其個人的推特（Twitter）發文。

day 191

Talent is God-given; be humble. Fame is man-given; be thankful. Conceit is self-given; be careful.

上帝賜你天賦，保持謙遜；眾人給你名聲，心懷感激；
自己易生驕傲，惟此謹慎。

John Wooden 約翰‧伍登（1910-2010）
美國籃球教練，
本文摘自其著作《他們叫我伍登教練》（They Call Me Coach）。

品德
E

day 192 | Where there is great power there is great responsibility.

權力越大責任越大。

Winston Churchill 邱吉爾（1874-1965）
英國首相，本句摘自其於「1906 年下議院演說」（In the House of Commons, February 28, 1906 speech South African native races）。

day 193 Principles is another name for prejudices.

「原則」是「偏見」的別名。

Mark Twain 馬克・吐溫（1835-1910）
美國的幽默大師、小說家、作家，亦是著名演說家，
本句摘自「文學」演說（"Literature" speech）。

day 194 | The seed of suffering in you may be strong, but don't wait until you have no more suffering before allowing yourself to be happy.

你內在受苦的種子可能很強大，但不要等到你不再受苦了才允許自己快樂。

Thích Nhất Hạnh 一行禪師
越南僧侶，本句摘自其著作《佛陀之心：一行禪師的佛法講堂》（The Heart of the Buddha's Teaching）。

Follow your passion, stay true to yourself.

跟隨熱情，對自己誠實。

Ellen Lee DeGeneres 艾倫 · 李 · 狄珍妮
美國脫口秀節目主持人。本句摘自「2009 年杜蘭大學畢業演說」
（Commencement Speech at Tulane University in 2009）。

day 196

A man of truth must also be a man of care.

真實之人，必對人關懷。

Mahatma Gandhi 甘地（1869-1948）
印度政治家，本句摘自其著作《甘地自傳》（*The Story of My Experiments with Truth*）。

Love and compassion are necessities, not luxuries. Without them humanity cannot survive.

愛和同情是必需的而非奢華的，因為沒有愛和同情，人類將無法生存。

Dalä Lama 達賴喇嘛，諾貝爾和平獎得主。
本句摘自由琳達 · 潘德頓（Linda Pendleton）所編著《小墨點：當代最具啟發性且動人的名言佳句選》（*A Small Drop of Ink: A Collection of Inspirational and Moving Quotations of the Ages*）。

day 198

Nothing in life is so exhilarating as to be shot at without result.

沒什麼比中了彈卻安然無恙更讓人興奮的事情了。

Winston Churchill 邱吉爾（1874-1965）
英國首相，本句摘自其著作《馬拉坎德野戰軍紀實》（*The Story of the Malakand Field Force: An Episode of Frontier War*）。

day 199

The life was tough, but it hardened you.

生活艱難，但讓人變得堅強。

Jack Dempsey 傑克 · 鄧蒲賽（1895-1983）
美國職業拳擊手。

day 200

Our penitence deserves a glimpse only;our toil respite only.

我們的懺悔只能換來匆匆一瞥，我們的辛勞只能得到片刻的喘息。

Virginia Woolf 維吉妮亞 · 吳爾芙（1882-1941）
英國作家，被譽為 20 世紀現代主義與女性主義的先鋒。
本句摘自其著作《到燈塔去》（*To the Lighthouse*）。

date

day 201

Being disappointed is one thing and being discouraged is something else. I am disappointed but I am not discouraged.

失望和絕望是兩件事，我感到失望但我並不覺得絕望。

Tennessee Williams 田納西 · 威廉斯（1911-1983）
湯瑪斯 · 拉尼爾 · 威廉斯三世（Thomas Lanier Williams III）的筆名，
20 世紀最重要的劇作家之一。以《慾望街車》（*A Streetcar Named Desire*）及《熱鐵皮屋頂上的貓》（*Cat on a Hot Tin Roof*）贏得普利茲戲劇獎。本句摘自其著作《玻璃動物園》（*The Glass Menagerie*）。

I'm a romantic,but I'm not a romantic in the traditional sense.
我是個浪漫的人，但和傳統的定義不同。
I like to romanticize what happens to me.
我喜歡浪漫地思考在我身上發生的事情；

Whatever happens to me - you could quantify it as good or bad - I romanticize it.
人們可能會把事情劃分成好事或是壞事，
但我傾向把每件事都當成是一件浪漫的事。

I think along the lines of 'When that thing happened, it made me who I am.' That kind of thing.
我認同「一個人遇到了什麼事便會讓你成為
什麼樣的人」這種說法，

It's a different way of being romantic.
這就是我所說的不一樣的浪漫。

Zooey Claire Deschanel 柔伊 · 克萊兒 · 黛絲香奈
美國創作歌手、演員。

---

day 203 | It ain't over 'til it's over.

不到最後，不算終結。

Yogi Berra 尤吉 · 貝拉（1925-2015）
前美國職棒大聯盟的捕手、教練與球隊經理。本句摘自《貝拉之書》
（*The Yogi book: I really didn't say everything I said!*）

---

day 204 My true religion is Kindness.

我的宗教即是仁慈善良。

Dalä Lama 達賴喇嘛
諾貝爾和平獎得主，
本句摘自其著作《慈悲與智見》（*Kindness, Clarity, and Insight*）。

day 205

A most insidious form of fear is that which masquerades as common sense or even wisdom, condemning as foolish, reckless, insignificant or futile the small, daily acts of courage which help to preserve man's self-respect and inherent human dignity.

還有一種最為隱祕的恐懼，它戴著常識甚至智慧的面具，將勇氣的日常表現識為愚蠢、魯莽、無用或者毫無意義，然而正是這些小小的勇氣將有助守護一個人的自尊和人類固有的尊嚴。

Aung San Suu Kyi 翁山蘇姬
緬甸非暴力提倡民主的政治家，全國民主聯盟的創辦人之一。
本句摘自其著作《免於恐懼的自由》（*Freedom from Fear*）。

day 206

Be a rainbow in somebody else's cloud.

致力成為一道彩虹，掃去他人心中的陰霾。

Maya Angelou 瑪雅・安吉洛（1928-2014）
美國作家、詩人。

day 207

Sweet words are like honey, a little may refresh, but too much gluts the stomach.

甜言蜜語就像蜂蜜，淺嚐一點精神好，但若狼吞虎嚥就會胃痛。

Anne Bradstreet 安・柏瑞絲翠（1612-1672）
17 世紀美國詩人。

day 208

Darkness cannot drive out darkness;only light can do that. Hate cannot drive out hate;only love can do that.

黑暗不能驅除黑暗，只有光明可以做到；仇恨不能驅除仇恨，只有愛可以做到。

Martin Luther King Jr. 小馬丁 · 路德 · 金恩（1929-1968）
美國牧師、社會運動者、人權主義者和非裔美國人民權運動領袖，也是 1964 年諾貝爾和平獎得主。本句摘自其著作《希望的見證》（*A Testament of Hope：The Essential Writings and Speeches*）。

day 209

Sincerity is never having an idea of oneself.

真誠就是永遠不抱有個人偏見。

Nadine Gordimer 內丁 · 戈迪默（1923-2014）
南非女作家，1991 年諾貝爾文學獎獲得者。
本句摘自其著作《我兒子的故事》（*My Son's Story*）。

date

day 210

To different minds, the same world is a hell, and a heaven.

對不同的思想而言，同樣的世界一個是天堂，而另一個卻是地獄。

Ralph Waldo Emerson 拉爾夫 · 沃爾多 · 愛默生（1803-1882）
19 世紀美國哲學家。本句摘自《愛默生日記》（*Journals*）。

day 211

One never notices what has been done; one can only see what remains to be done.

一個人若不留意自己已有的成就，他就只會看見自己的不足之處。

Maria Skłodowska-Curie 居里夫人（1867-1934）
波蘭裔法國國籍物理學家、化學家、放射性研究的先驅者，是首位獲得諾貝爾獎的女性。本句摘自「1894 年給兄弟的一封信」（Letter to her brother）。

day 212

You never really understand a person until you consider things from his point of view.

你永遠不可能真正瞭解一個人，除非你從他的角度去看問題。

Nelle Harper Lee 尼爾 · 哈波· 李（1926-2016）
美國作家，其著作小說《梅岡城故事》於 1960 年獲普立茲獎。本句摘自其著作《梅岡城故事》（*To Kill a Mockingbird*）。

day 213

Faith is not Desire. Faith is Will. Desires are things that need to be satisfied, whereas Will is a force. Will changes the space around us...

信念和念頭不同。信念出自於自由意志，念頭則需要被滿足。信念是一種可以改變你所處世界的力量。

Paulo Coelho 保羅· 科爾賀
巴西作家，以「牧羊少年奇幻之旅」（*El Alquimista*）成為世界知名作家。本句摘自其著作《波特貝羅的女巫》（*The Witch Of Portobello*）。

day 214

Everyone needs to be valued. Everyone has the potential to give something back.

所有人都需要被珍視。每個人都有回饋的潛力。

Diana, Princess of Wales 戴安娜王妃（1961-1997）
英國王儲、威爾斯親王查爾斯的第一任妻子，亦是威廉王子和哈利王子的親生母親。本句摘自 1995 年 12 月《衛報》報導（The Guardian, December 9, 1995）。

day 215

But luxury has never appealed to me, I like simple things, books, being alone, or with somebody who understands.

奢侈的生活並不吸引我，我喜歡簡單的事物，看看書，一個人待著，或是和懂我的人在一起。

Daphne du Maurier 達夫妮・杜穆里埃（1907-1989）
20 世紀英國小說家、劇作家。

day 216

Courage is grace under pressure.

優雅面對壓力是勇氣。

Ernest Miller Hemingway 厄尼斯特・米勒・海明威（1899-1961）
美國記者和作家，被認為是 20 世紀最著名的小說家之一。
本句摘自由卡羅斯・巴克（Carlos Baker）編著的《海明威書信集 1917-1961》（*Ernest Hemingway: Selected Letters 1917–1961*）。

day 217

It is the enemy who can truly teach us to practice the virtues of compassion and tolerance.

真正能教導我們實踐同情與寬容美德的是我們的敵人。

Dalä Lama 達賴喇嘛
諾貝爾和平獎得主。本句摘自其著作《智慧之海》（*Ocean of Wisdom：Guidelines for Living*）。

day 218

Cleverness was silly. One must say simply what one felt.

盡說一些自以為聰明的話的人十分愚蠢，一個人應當簡單明瞭地說出他的感受。

Virginia Woolf 維吉妮亞 · 吳爾芙（1882-1941）
英國作家，被譽為 20 世紀現代主義與女性主義的先鋒。
本句摘自其著作《戴樂維夫人》（*Mrs. Dalloway*）。

day 219

Thus fear of danger is ten thousand times more terrifying than danger itself.

懼怕危險的心態遠比危險本身還可怕一萬倍。

Daniel Defoe 丹尼爾 · 笛福（1660-1731）
17-18 世紀英國小說家、新聞記者，
本句摘自其代表作《魯賓遜漂流記》（*Robinson Crusoe*）。

day 220

I would rather make my name then inherit it.

我寧可靠自掙得美名，也不要接受家族庇蔭而來的名聲。

William Makepeace Thackeray 威廉 · 梅克比斯 · 薩克萊（1811-1863）
與狄更斯齊名的維多利亞時代的英國維多利亞時期小說家，
最著名的作品是《浮華世界》（*Vanity Fair: A Novel without a Hero*）。

day 221

Good manners is the art of making people comfortable. Whoever makes the fewest people uncomfortable has the best manners.

文雅的行為舉止是一種會讓人心情愉快的藝術，一個讓旁人鮮少感到不自在的人必定是舉止得宜的人。

Jonathan Swift 強納遜‧史威弗特（1667-1745）
諷刺文學大師， 以《格列佛遊記》（*Gulliver's Travels*）等著作聞名於世。

day 222

It is not power that corrupts but fear. Fear of losing power corrupts those who wield it and fear of the scourge of power corrupts those who are subject to it.

腐蝕人心的並非權力本身，而是恐懼，對喪失權力的恐懼腐蝕著權力的揮鞭者，而對權力之鞭的恐懼則腐蝕著匍匐於權力腳下的人。

Aung San Suu Kyi 翁山蘇姬
緬甸非暴力提倡民主的政治家，全國民主聯盟的創辦人之一。
本句摘自其著作《免於恐懼的自由》（*Freedom from Fear*）。

day 223

To strive, to seek, to find And not to yield.

奮鬥，追求，尋找，永不妥協。

Alfred Lord Tennyson 艾佛瑞．丁尼生（1809-1892）
英國著名的詩人之一。

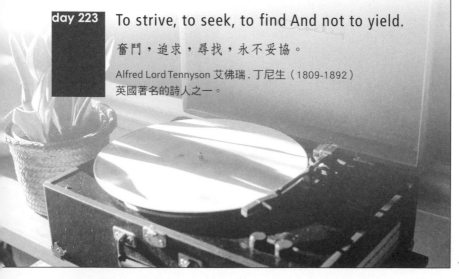

day 224

Be less curious about people and more curious about ideas.

少關心別人的逸聞私事，多留意別人的思路觀點。

Maria Skłodowska-Curie 居里夫人（1867-1934）
波蘭裔法國籍物理學家、化學家、放射性的先驅者，是首位獲得諾貝爾獎的女性。本句摘自由亨利與黛安・湯瑪斯夫婦（Henry Thomas and Dana Lee Thomas）所著《科學探險》（*Living Adventures in Science*）。

day 225

There is no disgrace in honest failure; there is disgrace in fearing to fail.

誠實地失敗並不可恥，可恥的是害怕失敗。

Henry Ford 亨利・福特（1863-1947）
美國汽車工程師與企業家，福特汽車公司的建立者。
本句摘自其著作《我的生活與工作》（*My Life And Work*）。

day 226

Physical beauty is passing - a transitory possession - but beauty of the mind, richness of the spirit, tenderness of the heart - I have all these things - aren't taken away but grow! Increase with the years!

美麗的外表是一時的。但是善良的心念、富足的心靈、溫柔的心腸不會消逝，甚至隨著年歲增長而更加成熟，這也是我所擁有的資產！

Tennessee Williams 田納西・威廉斯（1911-1983），湯瑪斯・拉尼爾・威廉斯三世（Thomas Lanier Williams III）的筆名
20 世紀最重要的劇作家之一。以《慾望街車》（*A Streetcar Named Desire*）及《熱鐵皮屋頂上的貓》（*Cat on a Hot Tin Roof*）贏得普利茲戲劇獎。本句摘自其著作《慾望街車》（*A Streetcar Named Desire*）。

day 227

You want weapons? We're in a library! Books! The best weapons in the world!

你在找武器嗎？我們正在圖書館裡呀，書本是世界上最好的武器！

Steven Moffat 史蒂芬 · 莫法特
電視編劇和製片，本句摘自其所編劇的影集《超時空奇俠》（*Doctor Who*）。

day 228

The best people possess a feeling for beauty, the courage to take risks, the discipline to tell the truth, the capacity for sacrifice.

一個人所能具備最好的人格特質包括——富有美感，勇於冒險，待人真誠，並能夠犧牲自我。

Ernest Miller Hemingway 厄尼斯特 · 米勒 · 海明威（1899-1961）
美國記者和作家，被認為是 20 世紀最著名的小說家之一。

day 229

Do I contradict myself? Very well, then I contradict myself, I am large, I contain multitudes.

我很自我矛盾嗎？沒錯，我的確是。因為我的內心是巨大的，包含著各種不同面向的自我。

Walt Whitman 華特 · 惠特曼（1819-1892）
19 世紀美國詩人、散文家。

date

品德
E

What you call your personality, you know?
你覺得自己的人格是什麼？
it's not like actual bones, or teeth, something solid.
人格不像骨骼或是牙齒般堅若磐石，
It's more like a flame.
反而比較像是變化多端的火焰。
A flame can be upright, and a flame can flicker in the wind,
火焰可以熊熊燃燒，或是隨風閃爍，
a flame can be extinguished so there's no sign of it, like it had never been.
也可能被撲滅而不留一點曾經存在過的痕跡。

Joyce Carol Oates 喬伊斯 ‧ 卡羅爾 ‧ 歐茨
美國小說家、詩人、劇作家，
其著作《他們》（Them）獲得美國國家圖書獎。
本句摘自《你不知曉的我》（*I Am No One You Know: Stories*）。

day 231 | If I could give my teenaged self any advice, it would be 'Calm down!'

如果我能給年輕的我一個建議，那會是：冷靜！

Zooey Claire Deschanel 柔伊 ‧ 克萊兒 ‧ 黛絲香奈
美國創作歌手、演員。

day 232 A well adjusted person is one who makes the same mistake twice without getting nervous.

一個懂得自我調適的人，就算再犯同樣的錯誤也不感到慌張。

Alexander Hamilton 亞歷山大 ‧ 漢密爾頓（1755-1804）
美國軍人及開國元勳、經濟學家、政治哲學家、美國憲法起草人之一與第一任美國財政部長。

day 233

Inner peace is the key: if you have inner peace, the external problems do not affect your deep sense of peace and tranquility.

內在的平靜是關鍵，擁有內在的平靜，外在的問題就不會影響內心深處的祥和寧靜。

Dalä Lama 達賴喇嘛
諾貝爾和平獎得主。
本句摘自《與諾貝爾大師對談》（*Nobel lecture*）。

day 234

t is not power that corrupts but fear. Fear of losing power corrupts those who wield it and fear of the scourge of power corrupts those who are subject to it.

腐蝕人心的並非權力本身，而是恐懼，對喪失權力的恐懼腐蝕著權力的揮鞭者，而對權力之鞭的恐懼則腐蝕著匍匐於權力腳下的人。

Aung San Suu Kyi 翁山蘇姬
緬甸非暴力提倡民主的政治家，全國民主聯盟的創辦人之一。
本句摘自其著作《免於恐懼的自由》（*Freedom from Fear*）。

day 235

He who cannot forgive breaks the bridge over which he himself must pass.

一個人若不懂得如何去原諒，只會斷了自己對外溝通的橋梁。

George Herbert 喬治 · 赫伯特（1593-1633）
16-17 世紀英國詩人、牧師。

day 236

Against Self-Pity.
It gets you nowhere but deeper into
your own shit--pure misery a luxury
one never learns to enjoy.

停止顧影自憐。
它只會讓你不斷鑽牛角尖，
並且錯失從不幸中學習寶貴經驗的機會。

Rita Dove 麗塔 · 多芙
美國詩人、作家，本句摘自其著作《與羅莎 · 帕克斯在公車上》（*On the Bus With Rosa Parks*）。

day 237

Deal with yourself as a individual, worthy of respect and make everyone else deal with you the same way.

把自己當作一個獨立的個體，相信你值得他人的尊重，並讓別人也尊重你。

Nikki Giovanni 妮基 · 喬瓦尼
美國詩人。

day 238

The self is not something ready-made, but something in continuous formation through choice of action.

一個人的「自我」並非與生俱來。透過人生中不同的選擇，人不斷地在形塑「自我」。

John Dewey 約翰 · 杜威（1859-1952）
19-20 美國哲學家和教育家，是美國實用主義哲學的重要代表人物。

date

Stretching his hand up to reach the stars, too often man forgets the flowers at his feet.

人類總是想要伸手觸及天上閃耀的星星，但卻常常忘記腳邊芬芳的花朵正在綻放。

Diana, Princess of Wales 傑瑞米 · 邊沁（1748-1832）
18-19 世紀英國哲學家。

I have long since come to believe that people never mean half of what they say, and that it is best to disregard their talk and judge only their actions.

長久以來我體會到人們所說的話，多半不是他們內心所想；不如忽略人們口中所言，藉由實際行止來評斷。

Dorothy Day 桃樂斯 · 戴（1897-1980）
記者、社會運動家。

Temptations, unlike opportunities, will always give you many second chances.

誘惑與機運不同，機運只有一次，但你總是不乏面臨誘惑的機會。

Orlando Aloysius Battista
奧蘭多 · 阿洛伊修斯 · 巴蒂斯塔（1917-1995）
20 世紀加拿大化學家。

One of the things reading does, it makes your loneliness manageable if you are an essentially lonely person.

如果你本身就是一個習慣孤單的人，閱讀的好處是讓你的寂寞感易於掌控一些。

Jamaica Kincaid 牙買加 · 金凱德
西印度群島作家。

day 243

Life is too short to spend hoping that the perfectly arched eyebrow or hottest new lip shade will mask an ugly heart.

費盡心思研究眉毛如何畫得好看、唇色如何表露性感，不但浪費短暫的人生，也無法遮掩醜陋的內心。

Kevyn Aucoin 凱文 · 奧庫安（1962-2002）
19-20 世紀美國攝影家、化妝師。

day 244

Nothing is more capable of troubling our reason, and consuming our health, than secret notions of jealousy in solitude.

沒什麼比孤獨一人的嫉妒心更讓人理智不清，身心俱疲。

Aphra Behn 艾佛拉 · 班恩（1640-1689）
17 世紀英國劇作家。

day 245

Your numbness is something perhaps you cannot help. It is what the world has done to you. But your coldness. That is what you do to the world.

或許這個世界讓你感到麻木，但你仍可以選擇不對這個世界冷漠以待。

Lorrie Moore 洛麗 · 摩爾
美國短篇小說家，本句摘自其著作《自救》（Self-Help）。

day 246

I think of a hero as someone who understands the degree of responsibility that comes with his freedom.

對我來說，英雄瞭解自由所帶來的責任。

Bob Dylan 巴布 · 狄倫
美國歌手、藝術家和作家。

day 247

I laugh at myself. I don't take myself completely seriously. I think that's another quality that people have to hold on to... you have to laugh, especially at yourself.

我常開自己玩笑，不喜歡太認真看待自己。這是大家都應具備的特質，你得笑，特別是開自己玩笑。

Madonna 瑪丹娜
美國著名女歌手、演員。

date

day 248

It is not true that suffering ennobles the character; happiness does that sometimes, but suffering, for the most part, makes men petty and vindictive.

受苦並不會讓人品高貴。喜悅才會提升品格。受苦往往使人變得卑劣，心懷怨恨。

W. Somerset Maugham 毛姆（1874-1965）
英國現代小說家、劇作家。

day 249

It is not the strongest of the species that survives, nor the most intelligent, but the one most responsive to change.

生存下來的物種往往不是最強壯的，也不是最聰明的，而是最有適應力、能隨之改變的物種。

Charles Darwin 查爾斯 · 達爾文（1809-1882）
英國博物學家、生物學家。

day 250

Read not to contradict and confute; nor to believe and take for granted; nor to find talk and discourse; but to weigh and consider.

不應為了反擊或駁倒別人而讀書，也不該全然相信書本內容，更不該為了高談闊論而閱讀；讀書時應審慎思考，認真權衡。

Francis Bacon 法蘭西斯 · 培根（1561-1626）
著名英國哲學家、政治家、科學家、法學家、演說家和散文作家，
是古典經驗論的始祖。

day 251

For every minute you are angry you lose sixty seconds of happiness.

當你耗費了一分鐘在憤怒的情緒中，你便喪失了 60 秒快樂的機會。

Ralph Waldo Emerson 拉爾夫 · 沃爾多 · 愛默生（1803-1882）
19 世紀美國哲學家。

day 252 Everybody has talent, but ability takes hard work.

天賦人人都有，勤勉才能得到能力。

Michael Jordan 麥可 · 喬登
知名運動選手。

day 253 Only if we understand, will we care. Only if we care, will we help. Only if we help shall all be saved.

唯有瞭解，我們才會關心；唯有關心，我們才會去幫忙；唯有去幫忙，我們才能得救。

Jane Goodall 珍 · 古德
英國動物行為學家，
本句摘自帕蒂 · 丹妮絲（Patti Denys）與瑪莉 · 福爾摩斯（Mary Holmes）共著之《動物磁力學》（*Animal Magnetism*）一書。

day 254 If you're not failing every now and again, it's a sign you're not doing anything very innovative.

人若總是一帆風順，代表他恐怕未曾做過創舉。

Woody Allen 伍迪 · 艾倫
美國導演與喜劇演員。

day 255

The greatest good you can do for another is not just share your riches, but reveal to him his own.

你對別人能做的好事，不是分享你的財富，而是揭示他所擁有的財富。

Francis Bacon 班傑明‧迪斯雷利（1804-1881）
政治家、作家。

day 256

I hate careless flattery, the kind that exhausts you in your efforts to believe it.

我討厭無謂的阿諛奉承，我還必須耗費精力說服自己相信那些話。

Wilson Mizner 威爾遜‧米茲納（1876-1933）
19-20 世紀美國劇作家。

date

day 257

Admiration is the daughter of ignorance.

無知是崇拜之母。

Benjamin Franklin 班傑明‧富蘭克林（1706-1790）
美國著名政治家、科學家，更是傑出的外交家及發明家。
他是美國革命時重要的領導人，曾出任美國駐法國大使，成功取得法國支持美國獨立，被視為美國國父之一。

Don't be discouraged by a failure. It can be a positive experience.
失敗是可貴的經驗，別因此喪志。
Failure is, in a sense, the highway to success,
我喜歡浪漫地思考在我身上發生的事情；

inasmuch as every discovery of what is false leads us to seek
earnestly after what is true,
失敗可視為通往成功的捷徑，因為我們發掘謬誤，

and every fresh experience points out some form of error which we
shall afterwards carefully avoid.
更積極地尋求真實。
每次新的失敗都為我們點出該避免的錯誤。

John Keats 約翰・濟慈（1795-1721）
傑出的英詩作家之一，也是浪漫派的主要成員。

day 259 | I was always looking outside myself for strength and confidence but it comes from within. It is there all the time.

我總向外界尋求堅強力量與自信，忽略了其實它們一直在我內在。

Anna Freud 安娜・佛洛伊德（1895-1982）
精神分析學家。

day 260 | Your actions, and your action alone, determines your worth.

唯有所作所為決定人的價值。

Evelyn Waugh 伊夫林・沃（1903-1966）
英國作家，是 20 世紀最傑出的文體家之一。

day 261

Men are more moral than they think, and far more immoral that they can imagine.

人比他們所認知的更具道德感,同時也超乎想像的不道德。

Sigmund Freud 西格蒙德 · 佛洛伊德(1856-1939)
神經學家、精神分析學家。

day 262

Always forgive your enemies; nothing annoys them so much.

原諒你的敵人讓他們恨得牙癢癢。

Oscar Wilde 王爾德(1854-1900)
愛爾蘭作家、詩人、劇作家,英國唯美主義藝術運動的倡導者。

day 263

And apologies, once postponed, become harder and harder to make, and finally impossible.

一旦沒有及時道歉,就變得難以啓齒,終至無法開口。

Margaret Munnerlyn Mitchell
瑪格麗特 · 曼納林 · 米契爾(1900-1949)
美國文學家,本句摘自其著作的世界文學名著《亂世佳人》(*Gone with the Wind*)的作者。

day 264

It is never too late to be what you might have been.

實現自我,永遠不會太遲。

George Eliot 喬治 · 艾略特(1819-1880)
為 Mary Anne Evans 瑪麗 · 安 · 艾凡斯的筆名,是英國著名小說家,著有《佛羅斯河畔上的磨坊》(*The Mill on the Floss*)、《米德爾馬契》(*Middlemarch*)等。

day 265

Most misunderstandings in the world could be avoided if people would simply take the time to ask, "What else could this mean?

人若能多問一句：「你的意思是什麼？」就能避免很多誤解。

Shannon L. Alder 莎濃 · 阿爾德
勵志名言作家。

date

day 266

You cannot find peace by avoiding life.

逃避不會帶來心靈平靜。

Virginia Woolf 維吉尼亞 · 吳爾芙（1882-1941）
英國維多利亞時期小說家，
被譽為 20 世紀現代主義與女性主義的先鋒。

day 267

You know I hate, detest, and can't bear a lie, not because I am straighter than the rest of us, but simply because it appals me. There is a taint of death, a flavour of mortality in lies - which is exactly what I hate and detest in the world - what I want to forget.

你知道我深惡痛絕謊言，聽不下去。我並非比別人誠實，只是謊言令我驚恐。謊言藏著死亡氣息，大限將近的味道，這是我最痛恨且不想記起的東西。

Joseph Conrad 約瑟夫 · 康拉德（1857-1924）
英國著名小說家，被譽為現代主義的先驅。
本句摘自其著作《海隅逐客》（*An Outcast of the Islands*）。

day 268

There is nothing noble in being superior to your fellow man; true nobility is being superior to your former self.

比身邊的人厲害沒什麼了不起；能夠超越自我，才是真的傑出不凡。

Ernest Miller Hemingway 厄尼斯特 · 米勒 · 海明威（1899-1961）
美國記者和作家，被認為是 20 世紀最著名的小說家之一。

day 269

A life spent making mistakes is not only more honorable, but more useful than a life spent doing nothing.

錯誤繁多的人生，比無所事事的人生更有用處，更值得敬佩。

George Bernard Shaw 喬治 · 蕭伯納（1856-1950）
英國 / 愛爾蘭劇作家和倫敦政治經濟學院的聯合創始人。

day 270

We first make our habits, then our habits make us.

一旦養成習慣，習慣即塑造我們。

John Dryden 約翰 · 德萊頓（1631-1700）
英國著名詩人、文學批評家、翻譯家，是 1668 年的英國桂冠詩人。

day 271

Failure meant a stripping away of the inessential. I stopped pretending to myself that I was anything other than I was and began diverting all my energy into finishing the only work that mattered to me.

失敗是放棄不重要的東西。我不再假裝，面對真實的自己，並將所有精力專注在完成唯一對我有意義的事情。

J. K. Rowling J.K. 羅琳
英國作家，《哈利波特》（Harry Potter）的作者。

day 272

Ever tried. Ever failed. No matter. Try Again. Fail again. Fail better.

嘗試過後，失敗無妨。再嘗試也許會再失敗，但失敗中總有進步。

Samuel Beckett 山繆 · 貝克特（1906-1989）
20 世紀愛爾蘭、法國作家，
創作的領域包括戲劇、小說和詩歌，尤以戲劇成就最高。

date

工作和財富
Jobs & Wealth

day 273 | Anyone who stops learning is old, whether at twenty or eighty. Anyone who keeps learning stays young. The greatest thing in life is to keep your mind young.

不管是 20 歲或 80 歲，停止學習的人才會變老。學習不倦的人永遠青春。保持年輕是活著最重要的事。

Henry Ford 亨利‧福特（1863-1947）
美國汽車工程師與企業家，福特汽車公司的建立者。

day 274 | The further you get away from yourself, the more challenging it is. Not to be in your comfort zone is great fun.

離開熟悉的事物越遠，挑戰越多。告別舒適圈，樂趣無窮。

Benedict Cumberbatch 班尼迪克‧康柏拜區
英國演員。

day 275 | The consumer isn't a moron. She is your wife!

顧客不是傻瓜，她是你老婆。

David Ogilvy 大衛‧奧格威
奧美廣告總裁，舉世聞名的「廣告教父」。本句摘自其著作《一個廣告人的自白》（*Confessions of an Advertising Man*）。

date	

day 276

I learned this, at least, by my experiment: that if one advances confidently in the direction of his dreams, and endeavors to live the life which he has imagined, he will meet with a success unexpected in common hours.

從自身經驗我瞭解到，只要滿懷自信勇往直前，依循夢想的腳步過著他渴望的生活，成功終將在意外的時刻到來。

Henry David Thoreau 亨利 ‧ 大衛 ‧ 梭羅（1817-1862）
美國作家、詩人、哲學家、廢奴主義者、超驗主義者。

day 277

Happiness lies not in the mere possession of money. It lies in the joy of achievement, in the thrill of creative effort.

擁有金錢並不會帶來快樂。而成就帶來喜悅，創作帶來興奮！

Franklin Delano Roosevelt 富蘭克林 ‧ 德拉諾 ‧ 羅斯福（1882-1945）
第 32 任美國總統，又稱小羅斯福，
是第二次世界大戰的中心人物之一。

day 278

I love deadlines. I like the whooshing sound they make as they fly by.

我愛期限將臨的忙碌感。

Douglas Adams 道格拉斯 ‧ 亞當斯（1952-2001）
英國廣播劇作家、和音樂家，尤其以《銀河便車指南》（*Hitchhiker's Guide to the Galaxy*）系列作品出名。

day 279

Being forced to work, and forced to do your best, will breed in you temperance and self-control, diligence and strength of will, cheerfulness and content, and a hundred virtues which the idle will never know.

被迫工作、展現自己最好的一面能訓練人的品性和自制力，讓人勤勉並發展意志力，懂得知足常樂，還有許多懶散的人無法瞭解的好處。

Benedict Cumberbatch 查爾斯 · 金斯萊（1819-1875）
英國文學家、學者與神學家。

day 280

Someone's sitting in the shade today because someone planted a tree a long time ago.

現在的人能夠坐在那棵樹下乘涼，是因為很久之前有人在那裡種了一棵樹。

Warren Edward Buffett 華倫 · 巴菲特
美國投資者、企業家、及慈善家，世界上最成功的投資者。本句摘自由安迪 · 基爾派翠克（Andrew Kilpatrick）所編著的《投資聖經：巴菲特的真實故事》（*Of Permanent Value: The Story of Warren Buffett*）。

day 281

The purpose of an organization is to enable common men to do uncommon things.

一家公司的目的是要讓普通的人做不普通的事。

Peter F. Drucker 彼得 · 杜拉克
奧地利出生的作家、管理顧問，以及大學教授，他專注於寫作有關管理學範疇的文章，「知識工作者（knowledge worke）」一詞經由他的作品變得廣為人知。本句摘自其著作《管理的使命》（*MANAGEMENT：Tasks, Responsibilities, Practices*）。

day 282

Money was never a big motivation for me, except as a way to keep score. The real excitement is playing the game.

對我來說，金錢從來就不是做事的動機，充其量只是保持得分的一個紀錄，真正令我興奮的是參與在遊戲中並戰勝對手。

Donald John Trump 唐納 ‧ 川普
美國商業鉅子，本句摘自其與托尼 ‧ 施瓦茨（Tony Schwartz）合著的《地產大亨川普：交易的藝術》（*Trump：The Art of the Deal*）。

day 283

I don't have a problem with guilt about money.

對於金錢，我沒有罪惡感。

Warren Edward Buffett 華倫 ‧ 巴菲特
美國投資者、企業家、及慈善家，世界上最成功的投資者。本句摘自由珍妮 ‧ 洛威（Janet C. Lowe）所編著《巴菲特如是說》（*Warren Buffett Speaks: Wit and Wisdom from the World's Greatest Investor*）。

day 284

You can fail at what you don't want, so you might as well take a chance on doing what you love.

做你不想做的事你可能會失敗，還不如給自己一個機會做你愛做的事。

Donald John Trump 金 ‧ 凱瑞
加拿大裔美籍的男演員和喜劇演員，
本句摘自其於「2014 年瑪赫西管理大學畢業典禮演說」（Commencement Address at the 2014 MUM Graduation）。

Life's not easy.Don't try and make it that way.
生活不容易。不要試圖讓其變得容易。

It's not fair, it never was, it isn't now, it won't ever be.
世界並不公平，過去是這樣，
現在也這樣，將來也不會公平。

Do not fall into the entitlement trap of feeling you are a victim, you are not.
不要陷入痛苦的陷阱，認為自己是受害者，你並不是。

Get over it and get on with it. And yes,
克服它，超越它。

most things are more rewarding when you break a sweat to get them.
付出就會有收穫。

Matthew McConaughey 馬修・麥康納，美國男演員，
本句摘自其於「2015 年休士頓大學畢業演說」（Commencement Speech at University of Houston in 2015）。

---

day 286

We are face to face with our destiny and we must meet it with high and resolute courage. For us is the life of action, of strenuous performance of duty; let us live in the harness, striving mightily; let us rather run the risk of wearing out than rusting out.

我們得以勇氣與決心面對命運。讓生命充滿活力，努力貫徹義務，無畏承擔責任，奮勉不懈。燃燒自己而不要坐以待斃。

Theodore Roosevelt 西奧多・羅斯福（1858-1919）
人稱老羅斯福，42 歲時，擔任美國第 26 任總統，是美國歷史上最年輕的總統。

day 287

I really do believe I can accomplish a great deal with a big grin, I know some people find that disconcerting, but that doesn't matter.

我相信露齒微笑助我一臂之力。即使別人認為這很難為情，也無妨。

Beverly Sills 貝芙麗 ・ 席爾絲（1929-2007）
美國女高音聲樂家。

day 288

The lack of money is the root of all evil.

沒錢是萬惡的根源。

Mark Twain 馬克 ・ 吐溫（1835-1910）
美國的幽默大師、小說家、作家，亦是著名演說家。本句摘自由莫爾 ・ 強森（Merle Johnson）所編著的《馬克吐溫名言集》（*More Maxims of Mark*）。

day 289

Done is better than perfect.

期望完美往往抵不過完成一件事。

Sheryl Sandberg 雪麗 ・ 桑德伯格
臉書營運長，本句摘自其著作《挺身而進》（*Lean In：Women, Work, and the Will to Lead*）。

day 290

Management is doing things right; leadership is doing the right things.

管理只要把事做對，領導則要做對的事。

Peter F. Drucker 彼得 ・ 杜拉克
奧地利出生的作家、管理顧問，以及大學教授，他專注於寫作有關管理學範疇的文章，「知識工作者（knowledge worke）」一詞經由他的作品變得廣為人知。本句摘自其著作《杜拉克精選》（*Essential Drucker: Management, the Individual and Society*）。

day 291

Success is a lousy teacher. It seduces smart people into thinking they can't lose.

成功是個糟糕的老師，它誘使聰明人以為他們不會失敗。

Bill Gates 比爾 · 蓋茲
微軟創辦人，本文摘自其著作《擁抱未來》（ *The Road Ahead* ）。

• • • ◆ • • • ◆ • • ◆ • • ◆ • • • ◆ • • • ◆ • • ◆ • • ◆ • • ◆ • • • ◆ • • ◆ • • • ◆ • • •

day 292

Remember that time is money. Dost thou love life? Then do not squander time, for that's the stuff life is made of.

記住，時間就是金錢。你熱愛生命嗎？那就不要浪費時間，因為生命是由時間組成的。

Benjamin Franklin 班傑明 · 富蘭克林（1706-1790）
美國著名政治家、科學家，更是傑出的外交家及發明家。他是美國革命時重要的領導人，曾出任美國駐法國大使，成功取得法國支持美國獨立，被視為美國國父之一。本句摘自其著作《給年輕生意人的忠告》（ *Advice to a Young Tradesman* ）。

day 293

One cannot, in any shape or form, depend on human relations for lasting reward. It is only work that truly satisfies.

一個人是沒有辦法依靠人際關係得到永久的回報的，用任何形式和方法都沒有用。只有工作才能帶來真正的滿足。

Bette Davis 貝蒂 · 戴維斯（1908-1989）
美國電影、電視和戲劇女演員，兩度榮獲奧斯卡最佳女主角獎，本句摘自其自傳《寂寞人生》（ *The Lonely Life* ）。

day 294 | I call investing the greatest business in the world.

我將投資稱為世界上最好的事業。

Warren Edward Buffett 華倫 · 巴菲特
美國投資者、企業家、及慈善家，世界上最成功的投資者。
本句摘自其 1974 年於《富比士》（Forbes）雜誌訪談。

day 295 | I don't like work-no man does-but I like what is in the work-the chance to find yourself. Your own reality-for yourself not for others-what no other man can ever know. They can only see the mere show, and never can tell what it really means.

我和人們一樣討厭工作，但我喜歡工作的內涵。藉由工作找到自我的契機與真實，只為自己不為他人，無人知道你所得到的一切。他們只看到表相，而無法理解其中底蘊。

Joseph Conrad 約瑟夫 · 康拉德（1857-1924）
生於波蘭的英國小說家，
為少數以非母語寫作而成名的作家之一，被譽為現代主義的先驅。
本句摘自其著作《黑暗之心》（Heart of Darkness）。

day 296 | Money cannot buy health, but I'd settle for a diamond-studded wheelchair.

雖然說金錢買不到健康……但我已經準備好鑲著鑽石的輪椅了。

Dorothy Parker 桃樂絲 · 派克（1893-1967）
19-20 世紀美國詩人。

day 297

Some women choose to follow men, and some women choose to follow their dreams. If you're wondering which way to go, remember that your career will never wake up and tell you that it doesn't love you anymore.

有些女人選擇跟隨男人，有些女人選擇向夢想前進。如果你還在考慮未來，別忘了事業不會在某個早晨告訴你它不再愛你。

Lady Gaga 女神卡卡
美國歌手。

day 298

I have long been of the opinion that if work were such a splendid thing the rich would have kept more of it for themselves.

我一直有個想法：假如今天工作是一件非常美好出色的事情，有錢人應該就會為自己保留更多工作。

Bruce Joseph Grocott 布魯斯‧葛克特
英國政治學家。

day 299

If you have great talents, industry will improve them; if you have but moderate abilities, industry will supply their deficiency.

如果你很有天賦，勤勉會使其更加完善；如果你能力一般，勤勉會會補足其缺陷。

Joshua Reynolds 喬希亞‧雷諾茲（1723-1792）
18 世紀英國著名畫家，以其肖像畫和「雄偉風格」藝術聞名。本句摘自其著作《喬希亞‧雷諾茲爵士作品集》（ *The Works of Sir Joshua Reynolds* ）。

*It is impossible to enjoy idling thoroughly unless one has plenty of
work to do.*

只有在你工作堆積如山時,你才可能享受閒暇。

There is no fun in doing nothing when you have nothing to do.

當你無事可做時,空閒就變得一點也不有趣,

Wasting time is merely an occupation then,

and a most exhausting one.

因為空閒就是你的工作,而且是最耗人的工作。

Idleness, like kisses, to be sweet must be stolen.

閒懶和吻一樣,當它被盜走了之後,它的味道才是甜的。

Jerome K. Jerome 傑羅姆 · 克拉普卡 · 傑羅姆(1859-1927)
英國幽默作家,他最著名的作品是幽默遊記《三人同舟》(*Three Men
in a Boat*)。本句摘自其著作《懶人閒思錄》(*Idle Thoughts of an Idle
Fellow*)。

date

day 301　I like work: it fascinates me. I can sit and look at it for
hours.

我熱愛工作,它令我著迷。我可以坐下來盯著它好幾個
小時。

Jerome K. Jerome 傑羅姆 · 克拉普卡 · 傑羅姆(1859-1927)
英國幽默作家,本句摘自他最著名的作品幽默遊記《三人同舟》(*Three
Men in a Boat*)。

day 302

Leadership rests not only on outstanding ability, but on commitment, loyalty, pride, and followers ready to accept guidance.

領導靠的不只是卓越的才能，還有承諾、忠誠、自豪，以及一群準備接受引導的跟隨者。

Vince Lombardi 文斯・隆巴迪（1913-1970）
美國足球教練，本句摘自其著作《傳奇教練成功領導手冊》（*The Lombardi Rules*）。

day 303

I never remember feeling tired by work, though idleness exhausts me completely.

我從不覺得工作使我疲憊，反而是無所事事才讓我奄奄一息。

Sir Arthur Conan Doyle 亞瑟・柯南・道爾（1859-1930）
19-20 世紀英國偵探小說家，因塑造了成功的偵探人物——福爾摩斯，而成為偵探小說歷史上最重要的作家之一。

date

day 304

There are no problems, only solutions.

沒有問題，只有解決方案。

John Lennon 約翰・藍儂（1940-1980）
英國歌手和詞曲作者，作為披頭四樂團的創始成員聞名全球。
本句摘自其《雙重幻想曲》（Double Fantasy）專輯。

The loss of wealth is loss of dirt, as sages in all times assert; The happy man's without a shirt.

失去財富就像身上的塵土飛落一般無關痛癢，如智者所言，快樂的人一無所有。

John Heywood 約翰 · 海伍德（1497-1580）
16 世紀英國劇作家。

I don't know any more about the future than you do. I hope that it will be full of work, because I have come to know by experience that work is the nearest thing to happiness that I can find... I want a busy life, a just mind and a timely death.

對於未來的規劃，我並沒有比你清楚多少。我只希望工作是我的生活重心，因為這是我所認知最能夠讓我接近幸福的事……我想要過忙碌的生活，做個行事端正的人，最後壽終正寢。

Zora Neale Hurston 卓拉 · 尼爾 · 赫斯特（1891-1960）
19-20 世紀美國小說家、人類學家，
本句摘自其著作《路上的蹤跡》（*Dust Tracks on a Road*）。

Have regular hours for work and play;
要學會兼顧工作與娛樂，
make each day both useful and pleasant,
讓每一天都過得愉快且有意義。

and prove that you understand the worth of time by employing it well.
因為懂得善用時間，你理解時間的價值；

Then youth will bring few regrets,
年少時光可以少些遺憾，
and life will become a beautiful success.
未來人生亦成功在望。

Louisa May Alcott 露意莎 · 梅 · 奧爾柯特（1832-1888）
美國著名小說家，本句摘自其作品《小婦人》（*Little Women*）。

day 308 | Sometimes your best investments are the ones you don't make.

有時，最好的投資就是不要投資。

Donald John Trump 唐納 · 川普
美國商業鉅子，本句摘自其與托尼 · 施瓦茨（Tony Schwartz）合著的《地產大亨川普：交易的藝術》（*Trump：The Art of the Deal*）。

The creative process requires more than reason.
創新的過程需要的不單是邏輯，
Most original thinking isn't even verbal.
大多數的獨創性思想沒有文字，
It requires 'a groping experimentation with ideas,
它需要的是摸索實驗不同想法，
governed by intuitive hunches and inspired by the unconscious.
由直覺所駕馭，由下意識所引導。

David Ogilvy 大衛‧奧格威
奧美廣告總裁，舉世聞名的「廣告教父」。本句摘自其著作《一個廣告人的自白》（*Confessions of an Advertising Man*）。

date

家庭、婚姻與其他
Family & Marriage & Other

day 310

An archaeologist is the best husband a woman can have. The older she gets, the more interested he is in her.

考古學家是女人最理想的丈夫。因為當妻子越顯老態，丈夫就對妻子越感興趣。

Dame AgathaMary Clarissa Christie 阿嘉莎・瑪麗・克萊麗莎・克莉絲蒂女爵士（1890-1976）
19-20 世紀英國偵探小說家。

家庭 E

day 311

The dread of lonliness is greater than the fear of bondage, so we get married.

一個人的寂寞比兩個人的束縛更可怕，所以我們選擇結婚。

Cyril Connolly 西里爾・康諾利（1903-1974）
20 世紀英國文學批評家。

date

day 312

Marriage? That's for life! It's like cement!

婚姻？那是一輩子的事，就像水泥一樣！

Woody Allen 伍迪・艾倫
美國導演與喜劇演員，本句摘自其電影《風流紳士》（What's New, Pussycat?）。

day 313 | Home is people. Not a place. If you go back there after the people are gone, then all you can see is what is not there any more.

家是由人所組成，而非代表一個地方。當你回到一個空無一人的房子，你會發現引起你注意的是那些曾經存在卻已經不在的人。

Robin Hobb 羅蘋 · 荷布
美國作家，本句摘自其著作《愚人的命運》（*Fool's Fate*）。

day 314 | When a man spends his time giving his wife criticism and advice instead of compliments, he forgets that it was not his good judgment, but his charming manners, that won her heart.

當一個男人鮮少給予太太讚美，而總是在批評和表達意見時；他忘了當初他之所以能夠得到她的心並不是因為他的批判態度，而是他的翩翩風度。

Helen Rowland 海倫 · 羅蘭（1875-1950）
19-20 世紀美國新聞記者。

day 315 | Housekeeping ain't no joke.

做家務可不是鬧著玩的。

Louisa May Alcott 露意莎 · 梅 · 奧爾柯特（1832-1888）
美國著名小說家，本句摘自其作品《小婦人》（*Little Women*）

day 316

Keep your eyes wide open before marriage, and half shut afterwards.

婚前要擦亮眼，婚後則要睜隻眼閉隻眼。

Benjamin Franklin 班傑明・富蘭克林（1706-1790）
美國著名政治家、科學家，更是傑出的外交家及發明家。他是美國革命時重要的領導人，曾出任美國駐法國大使，成功取得法國支持美國獨立，被視為美國國父之一。

day 317

I chose to be a working wife and mother. Why should I compromise on either?

我選擇做一個全職的妻子與母親，為什麼我要為這兩者妥協？

Chanda Kochhar 香達・科契
印度最大私人銀行 ICICI 董事長。

day 318

A good marriage is one which allows for change and growth in the individuals and in the way they express their love.

一個好的婚姻，可以改變並助長一個人及他表達愛的方式。

Pearl Sydenstricker Buck 賽珍珠（1892-1973）
美國旅華作家，其小說《大地》於 1932 年獲得普利茲小說獎，本句摘自其著作《給我摯愛的女兒》（*To My Daughter with Love*）。

day 319

Having one child makes you a parent; having two, you are a referee.

當你有一個孩子，你是父母。當你有兩個孩子，你成了裁判。

David Frost 大衛・佛斯特（1939-2013）
記者、媒體人、作家。

The secret to a happy marriage is if you can be at peace with someone within four walls, if you are content because the one you love is near to you, either upstairs or downstairs, or in the same room, and you feel that warmth that you don't find very often, then that is what love is all about.

四方室內,你若能與另一半和平共處,他的存在若令你心滿意足,不管你們在樓上樓下,是不是在同一間房,你總能感到珍貴暖意,這就是愛。也是快樂婚姻的祕密。

Bruce Forsyth 布魯斯 · 福塞斯
電視主持人。

date

Myths and creeds are heroic struggles to comprehend the truth in the world.

所謂的神話和教條不過就是:人們為了理解這個世界所經歷的奮鬥與掙扎。

Ansel Adams 安塞爾 · 亞當斯 (1902-1984)
20 世紀美國攝影家,以拍攝黑白風光作品見長,其中最著名的是優勝美地國家公園系列。

I really don't see anything romantic in proposing.
我不覺得求婚有什麼好浪漫。

It is very romantic to be in love.
But there is nothing romantic about a definite proposal.
談戀愛很浪漫，但態度堅定的求婚不是。

Why, one may be accepted. One usually is, I believe.
Then the excitement is all over.
為什麼呢？我想一個人提出求婚後通常會被接受，
然後談戀愛的興奮感就沒了。

The very essence of romance is uncertainty.
浪漫的本質應該要難以捉摸才對。
If ever I get married, I'll certainly try to forget the fact.
如果哪天我結婚，我一定會想盡辦法忘記我有結過。

Matthew McConaughey 奧斯卡 · 王爾德（1854-1900）
19 世紀愛爾蘭作家，本句摘自其著作 《真誠的重要性》（*The Importance of Being Earnest*）。

---

day 323 | You can't stay in your corner of the Forest waiting for others to come to you. You have to go to them sometimes.

你不能老是待在森林裡期待別人找到你，有時你需要主動拜訪他們。

A.A. Milne 艾倫 · 亞歷山大 · 米恩（1882-1956）
19-20 世紀英國兒童文學作家，以小熊維尼與兒童詩而聞名於世。
本句摘自其著作《小熊維尼》（*Winnie-the-Pooh*）。

家庭
E

day 324

You make me a sinner if you stop me giving you hospitality.

你不願接受我的殷勤款待，讓我活脫脫像個罪人。

Idries Shah 依德瑞斯 · 沙赫
20 世紀英屬印度作家，
本句摘自其著作《讓夢想遠播》（*Caravan of Dreams*）。

day 325

All of us might wish at times that we lived in a more tranquil world, but we don't. And if our times are difficult and perplexing, so are they challenging and filled with opportunity.

我們都希望能出生在一個比較安寧的年代，但我們無從選擇。然而，一個艱困且複雜的年代也將會是一個充滿挑戰及機會的年代。

Robert Kennedy 羅伯特 · 法蘭西斯 · 甘迺迪（1925-1968）
美國政治人物，通常被稱作小甘迺迪，20 世紀前美國司法部長。

day 326

Liberalism is trust of the people tempered by prudence. Conservatism is distrust of the people tempered by fear.

自由主義信任人性與自制力，
而保守主義既恐懼又不信任人性。

William Gladstone 威廉 · 葛萊德史東（1809-1898）
英國政治家，善於理財。

date

A good question is never answered. It is not a bolt to be tightened into place but a seed to be planted and to bear more seed toward the hope of greening the landscape of idea.

一個好問題並沒有標準答案。一個好問題不會是閃電擊中地表一般直截了當，而應當是像一顆落地生根的種子，並讓更多的種子一同種下希望，最終遍地鋪滿思想的綠地。

John Ciardi 約翰 · 西亞迪（1916-1986）
20 世紀美國詩人。

家庭
E

Education is the most powerful weapon which we can use.

教育是我們最強的武器。

Nelson Mandela 納爾遜 · 曼德拉（1918-2013）
南非總統，本句摘自其於 1990 年 6 月波士頓麥迪遜公園高中演說
（Speech, Madison Park High School, Boston, 23 June 1990）。

Summer afternoon—summer afternoon; to me those have always been the two most beautiful words in the English language.

夏日午後——夏日午後；對我而言，這是英語裡最美的辭彙。

Henry James 亨利 · 詹姆斯（1843-1917）
作家，詩人。

date

day 330 | We look forward to the time when the Power of Love will replace the Love of Power. Then will our world know the blessings of peace.

我們期待著愛的力量終將取代對權力的愛。到時,我們將共享和平的喜悅。

William Gladstone 威廉‧葛萊德史東（1809-1898）
英國政治家,善於理財。

day 331 | I felt my lungs inflate with the onrush of scenery—air, mountains, trees, people. I thought, "This is what it is to be happy".

我感覺到所有的風景突然地填滿我的胸口,周遭的空氣、山巒、樹木、人們充滿了我……我心裡想道:「原來快樂是這種感覺啊。」

Sylvia Plath 雪維亞‧普拉絲（1932-1963）
美國天才詩人、小說家及短篇故事作家。
本句摘自其著作《鐘形罐》（The Bell Jar）。

day 332 | Freedom is not worth having if it does not connote freedom to err.

不涵蓋自由犯錯的自由是不值得擁有的。

Mahatma Gandhi 甘地（1869-1948）
人們尊稱他為聖雄甘地,是印度民族主義運動和國大黨領袖,他帶領印度邁向獨立,脫離英國殖民地統治。本句摘自《年輕的印度》（Young India）週刊。

day 333

One can never consent to creep when one feels an impulse to soar.

當人感覺到有飛揚的衝動時，他一定無法同意匍匐前進。

Helen Adams Keller 海倫‧凱勒（1880-1968）
美國身心障礙者，教育家，
本句摘自其著作《我的生活》（*The Story of My Life*）。

day 334

To have faith is to trust yourself to the water. When you swim you don't grab hold of the water, because if you do you will sink and drown. Instead you relax, and float.

心存信念，就是當你身在水中，你不會試著抓住水，不然就會沒頂；反之當你放鬆時，便能漂浮。

Alan W. Watts 艾倫‧瓦茨（1915-1973）
英國哲學家。

day 335

Second hand books are wild books, homeless books; they have come together in vast flocks of variegated feather, and have a charm which the domesticated volumes of the library lack.

二手書四處流浪，帶著野性，身上的羽毛雜亂，色彩斑爛，有著圖書館藏書欠缺的迷人氣息。

Virginia Woolf 維吉妮亞‧吳爾芙（1882-1941）
英國作家，被譽為 20 世紀現代主義與女性主義的先鋒。

day 336

All great things are simple, and many can be expressed in single words : freedom, justice, honor, duty, mercy, hope.

偉大的事物往往簡單明瞭，單詞就能表達，比如自由、正義、榮耀、責任、寬容、希望。

Winston Churchill 邱吉爾（1874-1965）
英國首相。

day 337

The truth is incontrovertible. Panic may resent it, ignorance may deride it, malice may distort it, but there it is.

真相是無可置疑的：恐懼會憎恨它，無知會嘲笑它，惡意會扭曲它，但它仍然是真相。

Winston Churchill 邱吉爾（1874-1965）
英國首相，本句摘自其於「1916 年下議院演說—— Royal Assent」（Speech in the House of Commons,1916）。

day 338

Education is not the filling of a pail, but the lighting of a fire.

教育的目的不是為了填充空桶，而是點燃火把。

W.B. Yeats 威廉 · 巴特勒 · 葉慈（1865-1939）
愛爾蘭詩人、劇作家，神祕主義者。

day 339

If all printers were determined not to print anything till they were sure it would offend nobody, there would be very little printed.

如果所有的印書人都要保證不會冒犯到任何人才肯印書的話，他們就沒什麼可以印的了。

Benjamin Franklin 班傑明‧富蘭克林（1706-1790）
美國著名政治家、科學家，更是傑出的外交家及發明家。他是美國革命時重要的領導人，曾出任美國駐法國大使，成功取得法國支持美國獨立，被視為美國國父之一。本句摘自由卡爾‧範多倫（Carl Van Doren）編著《富蘭克林自述》（*Benjamin Franklin's Autobiographical Writings* ）。

day 340

I believe a strong woman may be stronger than a man, particularly if she happens to have love in her heart. I guess a loving woman is indestructible.

我認為女人能比男人更強悍，特別是她心中有愛的時候。我想，充滿愛的女人堅不可摧。

John Steinbeck 約翰‧史坦貝克（1902-1968）
1962 年諾貝爾文學獎者，主要代表作有《憤怒的葡萄》（*The Grapes of Wrath*）、《伊甸園東》（*East of Eden*）和《人鼠之間》（*Of Mice and Men*）等。

day 341

You may break, you may shatter the vase, if you will, But the scent of the roses will hang round it still.

如果你願，就把花瓶摔碎吧。但玫瑰的芬芳仍將徘徊不散。

Thomas Moore 湯瑪斯‧摩爾（1779-1852）
詩人、作曲家。

WINE comes in at the mouth   唇間輕啜酒，
And love comes in at the eye;   眉目暗傳情。
That's all we shall know for truth   年老隨風逝，
Before we grow old and die.   唯知此真理。
I lift the glass to my mouth,   我舉杯就唇，
I look at you, and sigh.   凝視你，我嘆息。

W.B.Yeats 威廉・巴特勒・葉慈（1865-1939）
愛爾蘭詩人、劇作家，神祕主義者。

---

day 343

What is freedom? Freedom is the right to choose: the right to create for oneself the alternatives of choice. Without the possibility of choice a man is not a man but a member, an instrument, a thing.

自由是什麼？自由賦予你選擇的權力：你有權力給予自己不同的選擇。失去選擇就失去了人之所以為人的意義，成為被掌控的魁儡、被利用的工具和玩物。

Archibald MacLeish 阿奇博爾德・麥克利什（1892-1982）
20 世紀美國詩人。

---

day 344

The meaning of life is just to be alive. It is so plain and so obvious and so simple. And yet, everybody rushes around in a great panic as if it were necessary to achieve something beyond themselves.

生命的意義就是活著，簡單清楚又明瞭。然人們孜孜矻矻只想成就一番大事業。

Alan W.Watts 艾倫・瓦茨（1915-1973）
英國哲學家。

day 345

The beauty of the world which is so soon to perish, has two edges, one of laughter, one of anguish, cutting the heart asunder.

轉瞬即逝的美，像刀鋒的兩面，一面惹人笑，一面惹人惱，將心切成數塊。

Virginia Woolf 維吉妮亞 ‧ 吳爾芙（1882-1941）
英國作家，被譽為 20 世紀現代主義與女性主義的先鋒。
本句摘自其著作《自己的房間》（*A Room of One's Own*）。

day 346

As for me, the silence and emptiness is so great that I look and do not see, listen and do not hear. The tongue moves but does not speak.

對我來說，沉默與空虛如此巨大，以致我眼雖能視卻看不見，耳雖能聽卻聽不見，唇舌能動卻無法言說。

Mother Teresa of Calcutta 德蕾莎修女（1910-1997）
天主教修女、傳教士與慈善工作家，有「加爾各答的天使」的美譽，於 1979 年被授予諾貝爾和平獎。本句摘自其著作《給 *Michael van der Peet* 神父的一封信》（*Letter to Michael van der Peet*）。

day 347

Were there none who were discontented with what they have, the world would never reach anything better.

若每個人都知足常樂，世界就無法進步。

Florence Nightingale 南丁格爾（1820-1910）
護士、統計學家。

day 348

If someone thinks that love and peace is a cliche that must have been left behind in the Sixties, that's his problem. Love and peace are eternal.

若有人認為愛與和平已不合時宜，只是六零年代的口號，那是他的問題。愛與和平永恒不變。

John Lennon 約翰・藍儂（1940-1980）
英國歌手和詞曲作者，作為披頭四樂團的創始成員聞名全球。

date

day 349

The best moments in reading are when you come across something – a thought, a feeling, a way of looking at things – which you had thought special and particular to you. Now here it is, set down by someone else, a person you have never met, someone even who is long dead. And it is as if a hand has come out and taken yours.

閱讀時最棒的事就是讀到某一段令人驚喜的段落，關於某種你以為自己獨有的想法感受或思考角度。如今透過不曾謀面的人寫下來，甚至作者早已過世。這種感覺就像有人透過時空握住你的手。

Alan Bennett 艾倫・班奈特
劇作家。

day 350

There are two freedoms - the false, where a man is free to do what he likes; the true, where he is free to do what he ought.

自由有兩種。隨心所欲是假自由，能盡義務才是真自由。

Charles Kingsley 查爾斯 · 金斯萊（1819-1875）
英國作家、歷史學家。

day 351

I count religion but a childish toy, and hold there is no sin but ignorance.

我認為宗教只是幼稚的玩具，成就它的不是人的原罪，而是無知。

Christopher Marlowe 克里斯多福 · 馬羅（1567-1593）
英國伊莉莎白年代的劇作家、詩人及翻譯家，為莎士比亞的同代人物。

day 352

Imperfection is beauty, madness is genius and it's better to be absolutely ridiculous than absolutely boring.

殘缺很迷人，瘋狂是種天賦，寧願可笑也不要無聊。

Marilyn Monroe 瑪麗蓮 · 夢露（1926-1962）
演員、模特兒。

day 353

Life isn't about finding yourself. Life is about creating yourself.

活著不是為了尋找自我，而是為了創造自我。

George Bernard Shaw 喬治 · 蕭伯納（1856-1950）
劇作家，評論家，英國 / 愛爾蘭劇作家和倫敦政治經濟學院的聯合創始人。

We do not "come into" this world; we come out of it, as leaves from a tree. As the ocean "waves," the universe "peoples." Every individual is an expression of the whole realm of nature, a unique action of the total universe.

我們並不是「來到」這個世界,我們是從這個世界「出走」;如同葉子之於樹葉,海浪之於海洋,人類之於宇宙。每個個體展現了自然的樣貌,並且組成了完整的宇宙。

Alan W. Watts 艾倫·瓦茲(1915-1973)
20 世紀英國哲學家。

date

day 355

British fashion is self confident and fearless. It refuses to bow to commerce, thus generating a constant flow of new ideas whilst drawing in British heritage.

英國時尚自信洋溢,無所畏懼。它拒絕向商業獻媚,不斷吸引新概念且融入英式傳統。

Alexander McQueen 亞歷山大·麥昆(1969-2010)
英國服裝設計師。

家庭
E

day 356

The purpose of education is to keep a culture from being drowned in senseless repetitions, each of which claims to offer a new insight.

每個歷史教訓似乎帶來新意，其實只是無謂的重蹈覆轍。教育便是為了防止重演錯誤而存在。

Harold Rosenberg 哈洛德 · 羅森伯格（1906-1978）
教育家、哲學家。

day 357

The best way to not feel hopeless is to get up and do something. Don't wait for good things to happen to you. If you go out and make some good things happen, you will fill the world with hope, you will fill yourself with hope.

揮別無助感的良方就是起身行動。別等著好事發生。走出門去，身體力行做好事，你會為自己和世界帶來希望。

Barack Obama 歐巴馬
美國總統。

The aim of science is not to open the door to infinite wisdom, but to set a limit to infinite error.

科學的目的不是打開無盡智慧的門，而是控制錯誤的發生。

Bertolt Brecht 貝托爾特・布萊希特（1898-1956）
德國戲劇家、詩人、劇場導演。

No man chooses evil because it is evil; he just mistakes it for happiness, the good he seeks.

沒人選擇當個壞人，他們只是誤以為那是他所追尋的快樂美好。

Mary Wollstonecraft 瑪麗・渥爾史東卡夫特（1759-1797）
18世紀的英國作家、哲學家和女權主義者。

History is that certainty produced at the point where the imperfections of memory meet the inadequacies of documentation.

殘缺的記憶與支離破碎的證據造就所謂的歷史。

Julian Barnes 朱利安・拔恩斯
後現代主義文學作家。

We delight in the beauty of the butterfly, but rarely admit the changes it has gone through to achieve that beauty.

蝴蝶的美麗令我們愉悦，但往往忽略牠所經歷的改變。

Maya Angelou 瑪雅・安吉洛（1928-2014）
美國作家、詩人。

家庭
E

The greatest remedy in the world is change;
勇於改變是世界最有效的療法，
and change implies the passing from the old to the new.
改變是棄舊迎新。
It is also the only path that leads from the lesser to the greater,
唯有改變能通向偉大，
from the dream to the reality,
讓夢想成為現實，
from the wish to the heart's desire fulfilled.
實現空泛希望，滿足心之所願。
It is change that brings us everything we want.
改變帶給我們渴望的一切。

Christian D. Larson 克里斯蒂安・D・拉爾森（1874-1954）
美國教師。

day 363

In newspapers and magazines I read about what's happening. Apparently Facebook exists to extinguish friendship. E-mail and texting destroy the post office. eBay replaces garage sales. Amazon eviscerates bookstores. Technology speeds, then doubles its speed, then doubles it again. Art takes naps.

我從報章雜誌知道了世上發生了哪些事。有了臉書之後人跟人之間的友情被消滅，電子郵件和簡訊摧毀了郵局，eBay 取代了車庫拍賣，Amazon 掏空了書店。當科技發展正以驚人的速度奔馳，生活的藝術卻悄然睡去。

Donald Hall 唐納德・霍爾，美國桂冠詩人，
本句摘自其著作《80 後隨筆》（*Essays After Eighty*）。

day 364

Be daring, be different, be impractical, be anything that will assert integrity of purpose and imaginative vision against the play-it-safers, the creatures of the commonplace, the slaves of the ordinary.

大膽，敢於特立獨行，不切實際，堅持初衷，勿忘願景，反抗那些不敢冒險的人。他們固守陳規，甘於平凡。

Cecil Beaton 西塞爾 · 比頓（1904-1980）
攝影師。

day 365

I am enough of an artist to draw freely upon my imagination. Imagination is more important than knowledge. Knowledge is limited. Imagination encircles the world.

我能興之所至，隨著想像力所畫。想像力比知識重要。知識有限，而想像力涵括世界。

Albert Einstein 阿爾伯特 · 愛因斯坦（1879-1955）
20 世紀猶太裔理論物理學家，創立了現代物理學的兩大支柱之一的相對論，也是質能等價公式的發現者。1921 年諾貝爾物理獎得主。

day 366

If you wish to forget anything on the spot, make a note that this thing is to be remembered.

若想忘記某事，就當下筆記起來提醒自己！

Edgar Allan Poe 愛倫坡（1809-1849）
美國作家、詩人、編輯與文學評論家，為美國浪漫主義運動要角之一，以懸疑及驚悚小說最負盛名。

day 367

The best way to not feel hopeless is to get up and do something. Don't wait for good things to happen to you. If you go out and make some good things happen, you will fill the world with hope, you will fill yourself with hope.

揮別無助感的良方就是起身行動。別等著好事發生。走出門去，身體力行做好事，你會為自己和世界帶來希望。

Barack Obama 歐巴馬
美國總統。

day 368

I listened, motionless and still; And, as I mounted up the hill, The music in my heart I bore, Long after it was heard no more.

我靜止不移，專心聆聽：當我登上山巔，內心音樂歡唱，直到樂音漸息。

William Wordsworth 威廉・華滋華斯（1770-1850）
英國浪漫主義詩人。

day 369

Nature gives to every time and season some beauties of its own; and from morning to night, as from the cradle to the grave, it is but a succession of changes so gentle and easy that we can scarcely mark their progress.

大自然賦予每個時序與季節獨樹一格的美麗。從日出到月落，正如從出生到離世，都是一連串溫柔變化，如此微妙，讓我們無從察覺。

Charles Dickens 查爾斯・狄更斯（1812-1870）
維多利亞時代英國最偉大的作家。

One, remember to look up at the stars and not down at your feet.

第一，記得仰望星辰而不是俯視足尖。

Two, never give up work. Work gives you meaning and purpose and life is empty without it.

第二，別放棄工作，工作賦予你存在的意義，沒有工作生命荒蕪一片。

Three, if you are lucky enough to find love, remember it is there and don't throw it away.

第三，如果你幸運找到愛，珍視它切勿丟棄它。

Stephen Hawking 史蒂芬 · 霍金
著名物理學家、宇宙學家。

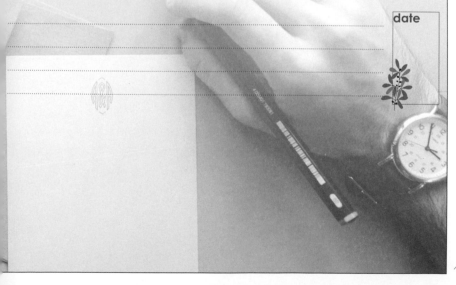

date

愛情並不意味著凝視著對方，而是一起看著同一個方向。

Aimer, ce n'est pas se regarder l'un l'autre, c'est regarder ensemble dans la même direction.

Aimer ce n'est pas seulement aimer bien, c'est surtout comprendre.

愛不僅止於愛，重要的是了解。

Toutes les vérités ne sont pas bonnes à dire ; tous les mensonges sont bons à entendre. 忠言逆耳，謊言悅耳。

Le seul mauvais choix est l'absence de choi

放棄選擇是最糟糕的選擇。

流行易逝，風格永存。

La mode passe, le style reste.

On ne voit bien qu'avec le cœur. L'essentiel est invisible pour les yeux.

只有用心去看，
才能看清事情的真相；
眼見並非絕對真實。

一天一則 **Day** 日日向上肯定句

法文版
Édition Française

愛情與友情
Amour et amitié

jour 01

Il n'a pas encore aimé! Donc, il n'a pas encore souffert!

他還沒愛過；因此，他尚未痛過！

Ernest Pallascio-Morin 恩尼斯特 · 帕拉西歐 - 莫林（1909-1998）
記者。

jour 02

On aime que les femmes qu'on rend heureuses.

我們只愛我們能給予幸福的女人。

Marcel Achard 馬榭 · 阿夏爾（1899-1974）
法國知名劇作家和編劇。

jour 03

Il ne faut pas profiter de ses amis. Ils sont déjà gentils de nous endurer.

別利用朋友。他們願意忍受我們，已經夠體貼啦！

Jean-Claude Clari 珍 · 克勞德 · 克萊利
作家。

jour 04

La vie est une fleur dont l'amour est le miel.

人生是鮮花，愛情是蜜。

Victor Hugo 雨果（1802-1885）
作家，法國浪漫主義作家代表人物。

date

jour 05

Le véritable amour ne connaît ni le soupçon ni la méfiance.

猜忌多疑不是真愛。

George Sand 喬治 · 桑，本名阿曼蒂娜－露茜－奧蘿爾 · 杜班
（Amantine-Lucile-Aurore Dupin）（1804-1876）
19 世紀法國女小說家、劇作家、文學評論家、報紙撰稿人。
她是一位有影響力的政治作家，其愛情生活、男性著裝和 1829 年開始
使用男性化的筆名，在當時引起很多爭議。

jour 06

Nous ne pardonnons jamais qu'à ceux auxquels nous avons intérêt à pardonner.

我們只原諒對我們有益的人。

Jules Renard 朱勒 · 雷納爾（1864-1910）
法國藝術家、作家，最有名的著作為《胡蘿蔔頂部》（*Poil de carotte*）
及《自然的故事》（*Les Histoires Naturelles*）。

jour 07

L'amant qui n'est pas tout n'est rien.

若情人不是一個人的全部，那他就什麼也不是。

Honoré de Balzac 巴爾扎克（1799-1850）
法國 19 世紀著名作家，法國現實主義文學成就最高者之一。
他創作的《人間喜劇》（*la Comédie Humaine*）共 91 部小說，
被稱為法國社會的「百科全書」。

jour 08

L'homme ne cesse pas d'être un enfant même à l'âge adulte et il a besoin de la certitude que la compagne choisie ne lui réserve pas seulement l'amour d'une épouse, mais aussi un peu de cet amour maternel que toute femme porte en elle.

男人即使成年也還是個小孩。他必得確認他所找到的伴侶不只愛他像個妻子，也擁有母性，愛他如母親愛小孩。

Léna Allen-Shore 蕾娜‧艾倫-舒爾
小說家。

愛情
F

jour 09

Le secret du bonheur en amour, ce n'est pas d'être aveugle mais de savoir fermer les yeux quand il le faut.

盲目不是愛情保鮮的祕訣，但適時地閉一隻眼不可或缺。

Simone Signoret 茜蒙‧仙諾（1921-1985）
法國電影女演員，法國第一位奧斯卡金像獎得主。

jour 10

Plus on aime quelqu'un, moins il faut qu'on le flatte.

越是愛一個人，越不該奉承他。

Molière 莫里哀（1622-1673）
喜劇作家、演員，法國芭蕾舞喜劇創始人，
被認為是西方文學中最偉大的喜劇作家之一。

jour 11

De toutes les choses qui remuent le monde et qui agitent le coeur des hommes, l'amour est la seule qui se passe d'explication, et n'en veuille pas.

世界震盪不斷，人心諸多煩憂。唯有愛，不需要也不想要任何解答。

André Frossard 安德列・傅洛賽（1915-1995）
法國著名作家。

jour 12

Il ne faut jamais juger les gens sur leurs fréquentations. Tenez, Judas, par exemple, il avait des amis irréprochables.

不要根據一個人的朋友來評斷他。瞧瞧猶大，他的朋友個個都是聖人呀！

Paul Verlaine 保羅・魏爾倫（1844-1896）
法國象徵派詩人。

jour 13

Quand je l'aime, je le fais sans compter. Je me donne entièrement. Et chaque fois, il est le grand amour de ma vie.

每當我愛上了一個人，便不計較我給他的愛有多少，我會讓自己全部栽進去。每一次的戀愛，都是我人生中最偉大的戀愛。

Brigitte Bardot 碧姬芭杜
法國電影女明星，暱稱「BB」。

jour 14

Et si je n'ai pas compris l'amour, à quoi me sert d'avoir compris le reste ?

如果我沒有懂得愛，那麼懂得其他的一切對我又能有什麼用處？

Michel Houellebecq 米歇爾 · 維勒貝克
法國作家、電影製作人、詩人。

jour 15

Vivre sans aimer n'est pas proprement vivre.

沒有愛的生活不是真的生活。

Molière 莫里哀（1622-1673）
喜劇作家、演員，法國芭蕾舞喜劇創始人，
被認為是西方文學中最偉大的喜劇作家之一。

愛
情
F

jour 16

L'amour est la poésie des sens.

愛是感官的詩歌。

Balzac 巴爾扎克（1799-1850）
法國小說家。

jour 17

Aimer, ce n'est pas se regarder l'un l'autre, c'est regarder ensemble dans la même direction.

愛情並不意味著凝視著對方，而是一起看著同一個方向。

Antoine de St-Exupéry 安東尼 · 聖修伯里（1900-1944）
法國作家、飛行員，名著《小王子》（*Le Petit Prince*）作者。

jour 18

J'ai renoncé à l'amitié de deux hommes,
l'un parce qu'il ne m'a jamais parlé de lui,
l'autre parce qu'il ne m'a jamais parlé de moi.

我曾與兩個男人絕交，一個是因為他從來不講他自己事，
另一個是因為他從來沒問過我的事。

Sébastien-Roch Nicolas de Chamfort 襄缶（1741-1794）
法國作家，曾擔任法蘭西學院院士，
以他的妙語警句聞名，曾是路易十六妹妹的祕書。

date

jour 19

Il n'y a qu'un bonheur dans la vie, c'est
d'aimer et d'être aimé.

幸福的生活只有一種，就是愛人與被愛。

George Sand 喬治・桑，本名阿曼蒂娜－露茜－奧蘿爾・杜班
（Amantine-Lucile-Aurore Dupin）（1804-1876）
19 世紀法國女小說家、劇作家、文學評論家、報紙撰稿人。
她是一位有影響力的政治作家，其愛情生活、男性著裝和 1829 年開始
使用男性化的筆名，在當時引起很多爭議。

jour 20

J'ai aimé jusqu'à atteindre la folie.
Ce que certains appellent la folie,
mais ce qui pour moi,
est la seule façon d'aimer.

我愛到瘋狂的地步。
而為愛癡狂，
對我來說，
是愛的唯一方式。

Françoise Sagan 莎岡（1935-2004）
法國知名女性小說家、劇作家、編輯。

jour 21

Le seul vrai langage au monde est un baiser.

世界上唯一真正的語言是吻。

Alfred de Musset 繆塞（1810-1857）
法國著名的詩人、劇作家。

愛情 F

jour 22

C'est cela l'amour, tout donner, tout sacrifier sans espoir de retour.

愛是給出一切、犧牲一切且不求絲毫回報。

Albert Camus 卡繆（1913-1960）
法國小說家、存在主義大師、哲學家、戲劇家、評論家。
與沙特（Jean-Paul Sartre）並稱為 20 世紀法國文壇雙璧。

jour 23

Les raisons d'aimer et de vivre varient comme font les saisons.

愛與生存的理由如季節般時而變換。

Louis Aragon 路易‧阿拉貢（1897-1982）
法國詩人、作家、政治活動家，社會主義擁戴者。

jour 24　Les femmes aiment ce qu'elles entendent, les hommes ce qu'ils voient.

女人喜歡她們所聽到的，男人喜歡他們所看到的。

Marcel Achard 馬榭・阿夏爾（1899-1974）
法國知名劇作家和編劇。

jour 25　*La douceur porte la paix dans l'âme.*

甜蜜能為靈魂帶來和平。

Voltaire 伏爾泰（1694-1778）
法國啟蒙時代思想家、哲學家、文學家，啟蒙運動公認的領袖和導師。
被稱為「法蘭西思想之父」。與盧梭（Jean-Jacques Rousseau）、孟德
斯鳩（Charles de Secondat）合稱「法蘭西啟蒙運動三劍俠」。

jour 26　Il viendra ce jour où les coeurs brisés vont marcher au pas de leurs souvenirs; il viendra avec toi qui reviendra dans mes bras pour ne plus repartir.

有天，曾心碎的人們重新擁抱過往回憶。記憶將伴你重回我的懷抱，永不離開。

Charles Aznavour 查爾・阿茲納弗
藝術家，歌手，作曲家。

jour 27

L'absence augmente toujours l'amour qui n'est pas satisfait, et la philosophie ne le diminue pas.

缺席總能增加不滿足的愛，即使倚靠理性也無法減輕。

Voltaire 伏爾泰（1694-1778）
法國啟蒙時代思想家、哲學家、文學家，啟蒙運動公認的領袖和導師。
被稱為「法蘭西思想之父」。與盧梭（Jean-Jacques Rousseau）、孟德斯鳩（Charles de Secondat）合稱「法蘭西啟蒙運動三劍俠」。

jour 28

Le plus grand faible des hommes, c'est l'amour qu'ils ont de la vie.

男人最大的弱點是他對生活的熱愛。

Molière 莫里哀（1622-1673）
喜劇作家、演員，法國芭蕾舞喜劇創始人，
被認為是西方文學中最偉大的喜劇作家之一。

jour 29

Quand l'amour veut parler, la raison doit se taire.

當愛情想說話時，理性必須保持沉默。

Jean-François Regnard 勒涅爾（1655-1709）
被公認為莫里哀之後法國最好的喜劇詩人。

jour 30

L'amour c'est être stupide ensemble.

愛是一起愚蠢。

Paul Valéry 保羅 · 瓦樂希（1871-1945）
法國作家、詩人。

愛情
F

jour 31

L'enfer, c'est de ne plus aimer.

所謂地獄，是不再相愛。

Georges Bernano 喬治貝納諾斯（1888-1948）
作家。

jour 32

Rien n'est impossible à qui sait bien aimer.

對於真心相愛的人來說，沒有什麼是不可能的。

Pierre Corneille 皮耶‧高乃依（1606-1684）
法國古典主義悲劇的奠基人，與莫里哀、拉辛並稱法國古典戲劇三傑。

jour 33

L'amour. C'est l'étoffe de la nature que l'imagination a brodée.

愛情，是大自然的一塊織品，由想像力所繡成。

Voltaire 伏爾泰（1694-1778）
法國啟蒙時代思想家、哲學家、文學家，啟蒙運動公認的領袖和導師。
被稱為「法蘭西思想之父」。與盧梭（Jean-Jacques Rousseau）、孟德斯鳩（Charles de Secondat）合稱「法蘭西啟蒙運動三劍俠」。

jour 34

l'amour, c'est peut-être d'être égoïstes ensemble.

愛也許與自私密不可分。

Marcel Achard 馬榭‧阿夏爾（1899-1974）
法國知名劇作家和編劇。

date

jour 35

Les amis sont dangereux, non point tant par ce qu'ils vous font faire, que par ce que qu'ils vous empêchent de faire.

朋友是危險的，倒不在於他們會對你做什麼，而在於他們會阻止你做什麼。

André Gide 紀德（1869-1951）
法國作家。

jour 36

Aimer ce n'est pas seulement aimer bien, c'est surtout comprendre.

愛不僅止於愛，重要的是了解。

Françoise Sagan 莎岡（1935-2004）
法國知名女性小說家、劇作家、編輯。

愛情
F

date

jour 37

On est aisément dupé par ce qu'on aime.

人容易被所愛蒙蔽

Molière 莫里哀（1622-1673）
喜劇作家、演員，法國芭蕾舞喜劇創始人，
被認為是西方文學中最偉大的喜劇作家之一。

L'amour est comme les maladies épidémiques: plus on les craint, plus on y est exposé.

愛情就如傳染病。你愈是害怕，就愈容易被感染。

Sébastien-Roch Nicolas de Chamfort 襄缶（1741-1794）
法國作家，曾擔任法蘭西學院院士，
以他的妙語警句聞名，曾是路易十六妹妹的祕書。

L'amour est comme l'opéra, on s'y ennuie, mais on y retourne.

愛情就像歌劇，每次看都覺得厭煩，但還是會一直回去看。

Gustave Flaubert 福樓拜（1821-1880）
法國文學家，世界文學名著《包法利夫人》（*Madame Bovary*）的作者。

Une femme pardonne tout, excepté qu'on ne veuille pas d'elle.

女人什麼都能原諒，除了你不要她。

Madame de Sévigné 塞維涅夫人（1626-1696）
法國書信作家。其書信生動、風趣，反映了路易十四時代法國的社會風貌，被奉為法國文學的瑰寶。

Il n'appartient pas à l'être humain de sauver son frère de la mort. Il ne peut que l'aimer.

人無法讓弟兄免於死亡。我們只能愛護他們。

Marie-Claire Blais 瑪麗・克萊・布雷
加拿大藝術家、作家。

jour 42 L'âme, lorsqu'elle est malade, fait précisément comme le corps : elle se tourmente et s'agite en tous sens, mais finit par trouver un peu de calme. Elle s'arrête enfin sur le genre de sentiments et d'idées le plus nécessaire à son repos.

靈魂如同肉體般承受苦痛。靈魂煩擾、躁動不已，終至尋得一絲平靜。最終她放棄糾結無謂思緒，專注如何得到安寧。

Sébastien-Roch Nicolas de Chamfort 尼可拉斯 · 尚福爾（1740-1794）
藝術家、作家、倫理學者。

jour 43 Ce qui caractérise notre époque, c'est la crainte d'avoir l'air bête en décernant une louange, et la certitude d'avoir l'air intelligent en décernant un blâme.

在這時代，人人都害怕稱讚別人會顯示自己的愚昧無知，而指責別人讓自己顯得聰明。

Jean Cocteau 尚 · 考克多（1889-1963）
法國詩人，小說家，劇作家，設計師，編劇，藝術家和導演。
考克多的代表作品是小說《可怕的孩子們》（*Les enfants terribles*），
電影《詩人之血》（*the Blood of a Poet*）。

品
德
F

date

jour 44

La solitude est à l'esprit ce que la diète est au corps, mortelle lorsqu'elle est trop longue, quoique nécessaire.

孤獨之於性靈，正如節食之於身體，太過有礙身心，但不可或缺。

Luc De Clapiers Marquis De Vauvenargues 沃維納格侯爵（1715-1747）
藝術家、作家。

jour 45

S'il veut vous demander conseil, c'est qu'il a déjà choisi la réponse.

當人們徵詢意見時，心中已有定見。

Jean-Paul Sartre 尚 · 保羅 · 沙特（1905-1980）
藝術家、作家、哲學家、小說家，被譽為 20 世紀最重要的哲學家之一，其代表作《存在與虛無》（*L'existentialisme est un humanisme*）是存在主義的巔峰作品。

jour 46

Un sourire coûte moins cher que l'électricité, mais donne autant de lumière.

微笑比電費便宜，但它照亮一室光明。

Abbé Pierre 皮耶神父（1912-2007）
法國天主教神父。

jour 47

Notre tête est ronde pour permettre à la pensée de changer de direction.

頭是圓的，思考時不妨轉個彎。

Francis Picabia 弗朗西斯 · 畢卡比亞（1879-1953）
畫家。

Qu'est-ce que l'idéal ?

理想是什麼？

C'est l'épanouissement de l'âme humaine.

人類靈魂的極致綻放。

Qu'est-ce que l'âme humaine ?

什麼是人類的靈魂？

C'est la plus haute fleur de la nature.

它是自然界最珍貴的花朵。

Jean Jaurès 尚‧饒勒斯（1859-1914）
政治人物、社會主義者。

date

品德
F

jour 49 Il n'y a que les choses sérieuses qui sont drôles. Dès qu'un mec dit quelque chose de sérieux, on peut déjà se foutre de sa gueule.

嚴肅的事最好笑。當有人正經八百地談天論地，你就可以取笑他。

Coluche 科魯西（1944-1986）
法國藝術家、喜劇演員。

Plus l'espérance est grande, plus la déception est violente.

期望越高，失望越大。

Franz-Olivier Giesbert 弗朗茨 · 奧利維 · 吉斯貝爾
藝術家、動畫家、傳記作家、編輯、記者。

Le cœur a ses raisons que la raison ne connaît point

人心自有理性無法體會的邏輯。

Blaise Pascal 布萊茲 · 巴斯卡（1623 - 1662）
法國數學家、哲學家、物理學家、科學家。

L'essentiel est d'être ce que nous fit la nature ; on n'est toujours que trop ce que les hommes veulent que l'on soit.

人由自然所造，應忠於自我。我們往往太在乎旁人的期待。

Jean-Jacques Rousseau 尚 · 雅克 · 盧梭（1712-1778）
啟蒙時代的瑞士裔法國思想家、哲學家、政治理論家和作曲家，與伏爾泰（Voltaire）、孟德斯鳩（Charles de Secondat）合稱「法蘭西啟蒙運動三劍俠」。

Aujourd'hui on ne sait plus parler, parce qu'on ne sait plus écouter.

人們不再懂得說話，因為他們喪失傾聽的能力。

Jules Renard 朱爾 · 勒納爾（1864-1910）
法國藝術家、作家，最有名的著作為《胡蘿蔔頂部》（*Poil de carotte*）
及《自然的故事》（*Les Histoires Naturelles*）。

L'esprit de tolérance est l'art d'être heureux en compagnie des autres.

與人共存並活得快樂的祕訣是包容力。

Pauline Vaillancourt 寶琳 · 維揚科特
聲樂家。

Aucun homme n'a reçu de la nature le droit de commander aux autres.

沒有人有資格對別人頤指氣使。

Denis Diderot 丹尼斯 · 狄德羅（1713-1784）
法國啟蒙思想家、唯物主義哲學家、無神論者和作家，百科全書派的代表。他的最大成就是主編《百科全書》（Encyclopédie）。

Agissons au lieu de prier.

與其祈求不如行動。

Jean-Marie Guyau 尚 - 馬利 · 居友（1854-1888）
哲學家、詩人。

品德
F

Il faut être juste avant d'être généreux, comme on a des chemises avant d'avoir des dentelles.

做到公平之餘才能慷慨，正如有了襯衫才有餘力添購蕾絲。

Sébastien-Roch Nicolas de Chamfort 尼可拉斯 · 尚福爾（1740-1794）
為法國藝術家、作家、倫理學者。

jour 58

Toutes les vérités ne sont pas bonnes à dire ; tous les mensonges sont bons à entendre.

忠言逆耳，謊言悅耳。

Antoine de Rivarol 里瓦羅爾（1753-1801）
藝術家、作家、記者，親眼見證法國大革命的作家。

jour 59

La justice des hommes est plus criminelle que le crime.

人的正義往往比罪犯更罪大惡極。

Francis Picabia 弗朗西斯 · 畢卡比亞（1879-1953）
畫家。

jour 60

Jamais la nature n'est si avilie, que quand l'ignorance superstitieuse est armée du pouvoir.

當迷信與無知佔上風，就是人性的最低點。

Voltaire 伏爾泰（1694-1778）
法國啟蒙時代思想家、哲學家、文學家，啟蒙運動公認的領袖和導師。
被稱為「法蘭西思想之父」。與盧梭（Jean-Jacques Rousseau）、孟德斯鳩（Charles de Secondat）合稱「法蘭西啟蒙運動三劍俠」。

date

jour 61 | La critique est plus facile que la pratique.

批評比身體力行容易。

George Sand 喬治・桑，本名阿曼蒂娜－露茜－奧蘿爾・杜班
（Amantine-Lucile-Aurore Dupin）（1804-1876）
19 世紀法國女小說家、劇作家、文學評論家、報紙撰稿人。
她是一位有影響力的政治作家，其愛情生活、男性著裝和 1829 年開始
使用的男性化的筆名在當時引起很多爭議。

jour 62 | Le véritable courage consiste à être courageux précisément quand on ne l'est pas.

真正的勇氣，是在懦弱失措時仍勇往直前。

Jules Renard 朱爾・勒納爾（1864-1910）
法國藝術家、作家，最有名的著作為《胡蘿蔔頂部》（*Poil de carotte*）
及《自然的故事》（*Les Histoires Naturelles*）。

jour 63 | L'homme vit de pain et de mots, or on oublie parfois de lui offrir ces paroles qu'il prend plaisir à recevoir...

人憑麵包和言語而存活。然而我們有時忘了給予他人喜
歡聽到的話語。

Madeleine Chapsal 瑪德萊娜・沙帕爾
作家、記者。

jour 64 | Etre vaincu parfois. Etre soumis jamais.

我們也許會戰敗，但決不屈服。

Alfred De Vigny 維尼（1797-1863）
藝術家、劇作家、詩人。

品德
F

jour 65 | L'écriture d'un journal est un plaisir solitaire. Un soulagement, plutôt. Un déversoir pour la rage.

寫日記帶來孤處的快樂。它是種慰藉，發洩內心的憤懣。

Francine Noël 法蘭琪 ‧ 諾爾
加拿大作家。

jour 66 Perfection does not exist - you can always do better and you can always grow.

完美並不存在，但你總是可以做得更好，並在過程中有所成長。

Les Brown 萊斯 ‧ 布朗
美國演說家。

jour 67 | L'expérience des autres ne compte pas ! La réponse est en toi ! Il faut apprendre à vivre par soi-même !

別人的經驗算不得準，你心中自有答案。我們得學會靠自己生活！

Ernest Pallascio-Morin 恩尼斯特 ‧ 帕拉西歐 - 莫林（1909-1998）
加拿大記者。

jour 68 ## Le courage est la lumière de l'adversité.

在逆境裡，勇氣帶來光明。

Luc De Clapiers Marquis De Vauvenargues 沃維納格侯爵（1715-1747）
藝術家、作家。

jour 69

C'est quoi la passion ? C'est une attirance irrésistible. Comme celle d'une aiguille magnétique qui a trouvé son pôle.

熱情是什麼？是無法抵抗的吸引力，就像羅盤的針永遠指向北方。

Madeleine Chapsal 瑪德萊娜 · 沙帕爾
作家、記者。

jour 70

On est riche surtout de l'or qu'on a donné.

當我們給予時，最為富有。

Emile Deschamps 艾米里 · 德尚（1791-1871）
法國詩人。

jour 71

Un homme qui sait se rendre heureux avec une simple illusion est infiniment plus malin que celui qui se désespère avec la réalité.

懂得善用幻想讓自己開心，比默默承受現實折磨聰明多了。

Alphonse Allais 阿爾芳斯 · 阿列（1854-1905）
藝術家、幽默作家、記者。

品德
F

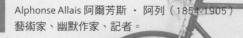

jour 72　L'espérance, c'est sortir par un beau soleil et rentrer sous la pluie.

期望就像在大晴天出門，卻淋了場雨回家。

Jules Renard 朱爾 · 勒納爾（1864-1910）
法國藝術家、作家，最有名的著作為《胡蘿蔔頂部》（*Poil de carotte*）及《自然的故事》（*Les Histoires Naturelles*）。

jour 73　Le bonheur est la plus grande des conquêtes, celle qu'on fait contre le destin qui nous est imposé.

面對無法選擇的命運，幸福快樂就是我們最棒的戰利品。

Albert Camus 阿爾貝 · 卡繆（1913-1960）
法國小說家、哲學家、戲劇家、評論家。

date

jour 74　N'écoute les conseils de personne, sinon du vent qui passe et nous raconte les histoires du monde.

別聽取別人的意見，還不如聆聽微風習習，訴說各地的故事。

Claude Debussy 克勞德 · 德布西（1862-1918）
法國作曲家。

jour 75 La faculté de rire aux éclats est preuve d'une âme excellente.

開懷大笑的能力是靈魂優秀的證明。

Jean Cocteau 尚‧考克多（1889-1963）
法國詩人，小說家，劇作家，設計師，編劇，藝術家和導演。考克多的代表作品是小說《可怕的孩子們》（*Les enfants terribles*），電影《詩人之血》（*the Blood of a Poet*）。

jour 76 Quand on est sûr d'avoir raison, on n'a pas besoin de discuter avec ceux qui ont tort.

只要確認自己有理，何必與無理的人爭執。

Georges Wolinski 喬治‧瓦林斯基（1934-2015）
藝術家、幽默漫畫家。

品德
F

jour 77 Le seul mauvais choix est l'absence de choix.

放棄選擇是最糟糕的選擇。

Thích Nhất Hạn 愛蜜麗‧諾冬
以法文寫作的比利時女作家。

jour 78

Il est impossible de vivre dans le monde sans jouer de temps en temps la comédie.

人生在世，必得粉墨登場，扮個角色。

Sébastien-Roch Nicolas de Chamfort 尼可拉斯 · 尚福爾（1740-1794）
藝術家、作家、倫理學者。

date

jour 79

Mieux vaut une conscience tranquille qu'une destinée prospère. J'aime mieux un bon sommeil qu'un bon lit.

光明正大的心地比財富更可貴。與其躺在一張好床上，我寧願入睡時心無罣礙。

Victor Hugo 雨果（1802-1885）
作家，法國浪漫主義作家代表人物。

jour 80

Pilote de course, Skieur alpin, Sportif
Pour gagner, il faut risquer de perdre. La victoire va à celui qui prend le plus de risques.

勇於冒險才能成功。成功總是眷顧敢於冒險的人。

Jean-Claude Killy 尚 ‧ 克勞德 ‧ 基利
法國世界盃滑雪運動員。

jour 81

La vie est une rose dont chaque pétale est une illusion et chaque épine une réalité.

生命是一朵玫瑰，每一片花瓣都是幻想，每一根刺則是現實。

Alfred de Musset 繆塞（1810-1857）
法國著名的詩人、劇作家。

jour 82

Les rêves, la folie et l'ivresse prouvent que notre âme dépend beaucoup de notre corps, et vice-versa.

幻夢，瘋狂和酣醉證明人的靈魂離不開肉體感官，兩者相偎相依。

Antoine de Rivarol 里瓦羅爾（1753-1801）
藝術家、作家、記者，親眼見證法國大革命的作家。

工作 F

jour 83 | La plus belle pierre tombale ne couvre qu'un cadavre.

不管墓碑如何華麗，還不是埋著一具屍骨。

Charles Aznavou 查爾 · 阿茲納弗
法國著名藝術家、歌手、作曲家，以其獨特的男高音聞名。

jour 84 | La vieillesse arrive brusquement, comme la neige. Un matin au réveil, on s'aperçoit que tout est blanc.

衰老如雪，突然來到。一早醒來，只見一切已變白。

Jules Renard 朱勒 · 雷納爾 (1864-1910)
法國藝術家、作家，最有名的著作為《胡蘿蔔頂部》(*Poil de carotte*)
及《自然的故事》(*Les Histoires Naturelles*)。

jour 85 | Si je devais recommencer ma vie, je n'y voudrais rien changer ; seulement j'ouvrirais un peu plus grand les yeux.

若人生再來一次，我不想改變任何事，只希望多睜開自己的雙眼。

Jules Renard 朱勒 · 雷納爾 (1864-1910)
法國藝術家、作家，最有名的著作為《胡蘿蔔頂部》(*Poil de carotte*)
及《自然的故事》(*Les Histoires Naturelles*)。

date

Ce n'est pas la profession qui honore l'homme mais c'est l'homme qui honore la profession.

人不因職業而尊貴，是職業因人而不凡。

Louis Pasteur 路易 · 巴斯德（1822-1895）
法國微生物學家、化學家，微生物學的奠基人之一。
被世人稱頌為「進入科學王國的最完美無缺的人」。

Soyez révolté, méchant si vous le désirez, criez, pleurez, mais ne vous cachez pas au fond de votre détresse comme les fous se cachent dans leur folie.

遵從你的想法，當個壞人，反抗，尖叫，哭泣都無妨。但千萬不要像瘋子在瘋狂裡尋找庇護般，沉溺在哀怨憂愁中。

Marie-Claire Blais 瑪麗 · 克萊 · 布雷
藝術家、作家，獲獎無數的小說家，1966 年以《埃馬紐埃爾生命中的一季》（ Une saison dans la vie d'Emmanuel ）獲得法國梅迪西斯文學獎。

La chance ne sourit qu'aux esprits bien préparés.

機會只對準備好的人微笑。

Louis Pasteur 路易 · 巴斯德（1822-1895）
法國微生物學家、化學家，微生物學的奠基人之一。
被世人稱頌為「進入科學王國的最完美無缺的人」。

工作
F

C'est toujours l'impatience de gagner qui fait perdre.

急功好利正是失敗之因。

Louis XIV 路易十四（1638-1715）
自號太陽王，是在位時間最長的君主之一。

jour 90

Le bonheur existe. Il est dans l'amour, la santé, la paix, le confort matériel, les arts, la nature et encore à des milliers d'endroits.

幸福無所不在。愛，健康，和平，物質享受，藝術，自然，隨處都是幸福的蹤跡。

Michèle Morgan 米雪兒 ‧ 摩根
法國電影女演員。

jour 91

Il faut se débarrasser des casse-tête. On ne vit qu'une fois.

放下無謂煩惱，人生只活一次。

Charles Aznavour 查爾 ‧ 阿茲納弗
法國著名藝術家、歌手、作曲家，以其獨特的男高音聞名。

date

jour 92

La vie coule... On ne la sent pas. Elle glisse sur nous ; on se retourne : elle n'est plus là.

不知不覺中，生命流淌。她輕掠過我們，當我們回頭，她已消逝。

Jean-Claude Clari 珍 ‧ 克勞德 ‧ 克萊利
作家。

jour 93 La caresse d'une mère, une belle promenade, des heures émerveillées par des récits heureux agissent sur toute l'existence.

母親的愛撫，愉悅的散步，我們的存在因這些美好時刻而有意義。

Maurice Barrès 莫里斯‧貝雷斯（1862-1923）
法國小說家、新聞記者、藝術家及作家。

jour 94 Les hommes naissent semblables mais pas égaux.

人生而相似但非生而平等。

Antoine de Rivarol 里瓦羅爾（1753-1801）
藝術家、作家、記者，親眼見證法國大革命的作家。

jour 95 De la naissance à la mort, on branche nos vies sur pilotage automatique et il faut un courage surhumain pour en dévier le cours.

從生至死，人生已有既定常規。唯有過人的勇氣，才能超越既定軌道。

Frédéric Beigbeder 弗雷德里克‧貝格伯德
法國藝術家、評論家、記者。

jour 96 L'avenir à chaque instant presse le présent d'être un souvenir.

未來在每一刻將當下壓縮成了回憶。

Louis Aragon 路易‧阿拉貢（1897-1982）
法國詩人、作家、政治活動家，社會主義擁戴者。

工作
F

Désormais, je sais faire durer une seconde de bonheur. Il faut la vivre comme si c'était la dernière : le bonheur n'attend pas.

從今以後，我瞭解將分秒喜悅持續的祕訣：想像活著的每一刻都是最後一刻。幸福不等人。

Nicolas Hulot 尼古拉 · 於洛
藝術家、生態學者、記者，Nicolas-Hulot 基金會創始人。

Le souvenir est le parfum de l'âme.

回憶是靈魂的芬芳。

George Sand 喬治 · 桑，本名阿曼蒂娜－露茜－奧蘿爾 · 杜班
（Amantine-Lucile-Aurore Dupin）（1804-1876）
19 世紀法國女小說家、劇作家、文學評論家、報紙撰稿人。
她是一位有影響力的政治作家，其愛情生活、男性著裝和 1829 年開始使用的男性化的筆名在當時引起很多爭議。

Partir, c'est mourir un peu, mais mourir, c'est partir beaucoup.

離開就像死去一點。但死亡，是一走了之。

Alphonse Allais 阿爾芳斯 · 阿列（1854-1905）
藝術家、幽默作家、記者。

jour 100

La nature vous offre le visage que vous avez à vingt ans, mais c'est à vous de mériter le visage que vous aurez à cinquante ans.

20 歲的時候，你擁有的是自然生長的容顏；30 歲的時候，生活的經歷使你的容顏有了個人的印記；50 歲的時候，你的生命全部都寫在你的臉上。

Coco Chanel 可可香奈兒（1883-1971）
法國時裝設計師，香奈兒（Chanel）品牌的創始人。

date

jour 101

C'est à cause que tout doit finir que tout est si beau.

因為一切終將消逝，更顯萬物迷人可愛。

Charles-Ferdinand Ramuz 查爾斯 · 費迪南 · 拉繆（1878-1947）
作家，詩人。

jour 102

Vivre, n'est-ce pas toujours se remettre en question ?

活著不就是不斷的自我探詢？

Gilles Archambault 吉爾斯 · 阿爾尚博
藝術家、作家。

jour 103

L'oubli est un gigantesque océan sur lequel navigue un seul navire, qui est la mémoire.

遺忘如一片汪洋，而記憶是條獨行的孤船。

Amélie Nothomb 愛蜜麗 · 諾冬
以法文寫作的比利時女作家。

jour 104

Nous ne savons jamais si nous ne sommes pas entrain de manquer notre vie.

我們無法確定自己是否虛度光陰。

Marcel Proust 馬塞爾 · 普魯斯特（1871-1922）
法國意識流作家。

jour 105

La vie, c'est très drôle, si on prend le temps de regarder.

生命充滿了趣味，如果我們留心觀看。

Jacques Tati 賈克 · 大地（1908-1982）
法國喜劇電影大師、導演與演員，代表作為《我的舅舅》（Mon Oncle）、《于洛先生的假期》（Les Vacances de M. Hulot）和《遊戲時間》（Play Time）。一生僅拍了六部長片與三部短片。

jour 106

Il faut boire jusqu'à l'ivresse sa jeunesse. Car tous les instants de nos vingt ans nous sont comptés. Et jamais plus le temps perdu ne nous fait face.

讓我們痛飲青春，當我們 20 歲時，每分每秒都萬分珍貴。我們永遠追不上已逝的時光。

Charles Aznavour 查爾 · 阿茲納弗
法國著名藝術家、歌手、作曲家，以其獨特的男高音聞名。

jour 107

Tout bonheur commence par un petit déjeuner tranquille.

生活中的幸福，從一頓平靜的早餐開始。

佚名

jour 108

Je ne sais où va mon chemin mais je marche mieux quand ma main serre la tienne.

我不知道前方的路將帶我通向什麼樣的未來，但只要牽著你的手，我就能走得更穩好。

Alfred de Musset 繆塞（1810-1857）
法國著名的詩人、劇作家。

jour 109

Le futur n'est que l'aspect aberrant que prend le passé aux yeux de l'homme.

未來，只不過是在人的眼中，穿著謬誤外表的過去。

Jean-Paul Sartre 尚 · 保羅 · 沙特（1905-1980）
藝術家、作家、哲學家、小說家，存在主義哲學大師及二戰後存在主義思潮的領軍人物，被譽為 20 世紀最重要的哲學家之一，其代表作《存在與虛無》（*L'existentialisme est un humanisme*）是存在主義的巔峰作品。

jour 110

La foi, c'est la volupté d'être.

信念讓存在充滿喜悅。

Jean-Claude Clari 珍 · 克勞德 · 克萊利
作家。

day 111

Quand il me prend dans ses bras, Il me parle tout bas, Je vois la vie en rose.

當他把我抱在懷裡，對我細語呢喃，我看見了玫瑰色的人生。

Edith Piaf 愛迪 · 琵雅芙（1915-1963）
法國最著名也是最受愛戴的女歌手之一。身材嬌小，這也是她的藝名「小麻雀」（La môme）的由來。她最著名的歌曲包括《玫瑰人生》（La Vie en Rose）、《愛的禮讚》（Hymne à l'amour）和《我無怨無悔》（Non, je ne regrette rien）等。

工作
F

jour 112 | Je suis un homme qui cherche la clé d'une porte qui n'existe pas.

我是一個尋找鑰匙的男人，那把鑰匙通往一扇不存在的門。

Louis Aragon 路易‧阿拉貢（1897-1982）
法國詩人、作家、政治活動家，社會主義擁戴者。

jour 113 | Le meilleur de la vie se passe à dire "Il est trop tôt", puis "Il est trop tard".

人生最美好的時刻，都用來說：「太早了」，然後說：「太遲了」。

Gustave Flaubert 福樓拜（1821-1880）
法國文學家，世界文學名著《包法利夫人》（*Madame Bovary*）的作者。

date

jour 114 | Savoir, penser, rêver. Tout est là.

智慧，思考，夢想。萬物一切都存在其中。

Victor Hugo 雨果（1802-1885）
作家，法國浪漫主義作家代表人物。

jour 115 | C'est merveilleux la vieillesse... dommage que ça finisse si mal.

晚年是如此美妙……可惜它的結局如此不堪。

François Mauriac 莫里亞克（1885-1970）
法國小說家，1952 年諾貝爾文學獎得主。

家庭與婚姻
Famille et mariage

jour 116

Il faut toujours se marier avec une belle femme : vous trouverez toujours quelqu'un pour vous en débarrasser.

總是娶一個漂亮女人，如此一來你總是有人可以甩掉。

Sacha Guitry 薩沙・吉提（1885-1957）
劇作家，演員，導演，製片人和編劇。

jour 117

Une maman, c'est la meilleure des infirmières, au talent de magicienne.

母親是最偉大的看護，像魔術師一樣神奇。

Jean Gastaldi 尚・加斯托迪
藝術家、作家。

date

jour 118

Le mariage simplifie la vie et complique la journée.

婚姻讓人生變得簡單，卻使日子變得複雜。

Jean Rostand 尚・羅斯坦德（1894-1977）
作家、道德家、生物學家、科學和法國院士歷史學家。

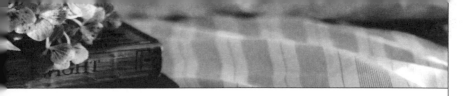

jour 119

Un couple, ce n'est pas un homme plus une femme, c'est une troisième personne qu'ils forment ensemble.

一對夫婦，不是一個男人加上一個女人，而是他們合而為一，成了第三個人。

Françoise Giroud 弗朗索瓦 · 吉魯（1916-2003）
記者、作家和法國政治家。

jour 120

Abstenez-vous de raconter à votre femme les infamies que vous ont faites celles qui l'ont précédée. Ce n'est pas la peine de lui donner des idées.

避免將你從前不光榮的事告訴妻子，不需要給她胡思亂想的理由。

Sacha Guitry 薩沙 · 吉提（1885-1957）
劇作家，演員，導演，製片人和編劇。

jour 121

Comme on connaît les siens on les abhorre.

如同人們了解自己的家庭一樣，人們也厭惡它。

Honoré de Balzac 巴爾扎克（1799-1850）
法國 19 世紀著名作家，法國現實主義文學成就最高者之一。他創作的《人間喜劇》（ *la Comédie Humaine* ）共 91 部小說，被稱為法國社會的「百科全書」。

Le mariage est une greffe : ça prend bien ou mal.

婚姻就是一次移植手術，不是成功就是失敗。

Victor Hugo 雨果（1802-1885）
作家，法國浪漫主義作家代表人物。

Le vrai père c'est celui qui ouvre les chemins par sa parole, pas celui qui retient dans les filets de sa rancoeur.

真正的父親不用憤怒限制子女，而用說理指引道路。

Christian Bobin 克里斯提昂‧博班
藝術家、作家。

L'homme sans la femme et la femme sans l'homme sont des êtres imparfaits dans l'ordre naturel. Mais plus il y a de contrastes dans leurs caractères, plus il y a d'union dans leurs harmonies.

沒有女人的男人，和沒有男人的女人，在自然中都是不完善的人類。但他們性格中的反差越大，他們的和諧越能融為一體。

Bernardin de Saint-Pierre 貝爾納丹 ‧ 德 ‧ 聖皮埃爾（1737-1814）
法國作家和植物學家。

家庭
F

jour 125

Chez un couple aimant, un plus un n'égale pas deux, mais l'infini.

在一對恩愛的夫妻之中，一加一不等於二，而是無限大。

Jacques de Bourbon Busset 雅克 · 德 · 波旁布賽（1912-2001）
法國作家和外交家。

jour 126

Ne vous occupez donc pas de votre famille ! On n'arrive jamais à la satisfaire.

別急於取悅家人，我們永遠無法讓他們滿意。

Jules Renard 朱勒 · 雷納爾（1864-1910）
法國藝術家、作家，最有名的著作為《胡蘿蔔頂部》（*Poil de carotte*）及《自然的故事》（*Les Histoires Naturelles*）。

jour 127

La curiosité excite le désir plus encore que le souvenir du plaisir.

好奇心比逝去的美好回憶更能喚醒欲望。

Anatole France 阿納托爾 · 法蘭斯（1844-1924）
本名雅克 · 阿納托爾 · 弗朗索瓦 · 蒂博（Jacques Anatole François Thibault），藝術家、作家。

jour 128

Lorsque l'art entre dans une maison, la violence en sort.

戾氣不入藝文之家。

Claude Debussy 克勞德 · 德布西（1862-1918）
法國作曲家。

jour 129

Les femmes sont faites pour être mariées et les hommes célibataires. De là vient tout le mal.

女人是被創造來結婚的，而男人是被創造來單身的。這就是一切罪惡之源。

Sacha Guitry 薩沙・吉提（1885-1957）
劇作家，演員，導演，製片人和編劇。

jour 130

Dans l'amour d'un couple, trouver la distance juste est essentiel. Cela demande beaucoup de patience, de perspicacité et d'imagination, en un mot, d'esprit.

在夫妻的愛情裡，找到合適的距離是至關重要的。這需要耐心、洞察力和想像力。一言以蔽之，需要花心思。

Jacques de Bourbon Busset 雅克・德・波旁布賽（1912-2001）
法國作家和外交家。

家庭
F

jour 131

Familles ! Je vous hais ! Foyers clos ; portes refermées, possessions jalouses du bonheur.

家！我恨你！冷的爐，閉的門，嫉妒幸福的所在。

André Gide 紀德（1869-1951）
法國作家。

jour 132

Le mariage est une si belle chose qu'il faut y penser toute sa vie.

婚姻是一個極美的事物，必須花一生來思索。

Talleyrand 德塔列朗（1754 -1838）
法蘭西主教、政治家和外交家。

jour 133

Un bon mariage serait celui d'une femme aveugle avec un mari sourd.

好的婚姻，需要一個盲眼女人配上一個聾子丈夫。

Michel de Montaigne 蒙田（1533-1592）
法國在北方文藝復興時期最有標誌性的哲學家，以《隨筆集》（*Essais*）三卷留名後世。

jour 134

La famille sera toujours la base des sociétés.

家庭永遠是社會的基礎。

Honoré de Balzac 巴爾扎克（1799-1850）
法國 19 世紀著名作家，法國現實主義文學成就最高者之一。他創作的《人間喜劇》（*la Comédie Humaine*）共 91 部小說，被稱為法國社會的「百科全書」。

jour 135

L'amour plaît plus que le mariage, par la raison que les romans sont plus amusants que l'histoire. "

愛情比婚姻受歡迎，就像小說總是比歷史有趣，是同樣的道理。

Sébastien-Roch Nicolas de Chamfort 襄缶（1741-1794）
法國作家，曾擔任法蘭西學院院士，以他的妙語警句聞名，曾是路易十六妹妹的祕書。

Il ne faut choisir comme épouse que la femme qu'on choisirait pour ami, si elle était homme.

男人的擇偶標準，必須跟選擇朋友一樣，來選擇妻子。

Joseph Joubert 儒貝爾（1754-1824）
法國文人，以身後出版的《隨思錄》（*Pensées*）而聞名。

Lors d'une scène de ménage, 31 % des femmes brandissent la menace de retourner chez leur mère. Mais... ce n'est pas du tout une menace. C'est un soulagement !

在家庭的爭吵場面中，31%的女性都會威脅要回娘家。
但與其說這是威脅，不如說是一種解脫！

Jean Yanne 尚・揚（1933-2003）
歌手，喜劇演員，演員，作家，導演，製片人和法國作曲家。

Un bon mariage serait celui où l'on oublierait le jour qu'on est amant, la nuit qu'on est époux.

美滿的婚姻應該是，在白天忘了彼此是情人，在晚上忘了彼此是夫妻。

Jean Rostand 尚・羅斯坦德（1894-1977）
作家、道德家、生物學家、科學和法國院士歷史學家。

家庭
F

jour 139

Le mariage doit incessamment combattre un monstre qui dévore tout : l'habitude.

婚姻必須不斷對抗這位吞噬一切的怪物：習慣。

Honoré de Balzac 巴爾扎克（1799-1850）
法國 19 世紀著名作家，法國現實主義文學成就最高者之一。他創作的《人間喜劇》（la Comédie Humaine）共 91 部小說，被稱為法國社會的「百科全書」。

jour 140

Le mariage est, tel qu'il est une singulière chose, mais après tout, on n'a encore rien trouvé mieux.

婚姻本是一個獨特的單一事件，但畢竟後來我們也找不到更好的了。

Henri-Frédéric Amiel 艾米爾（1821-1881）
瑞士哲學家、評論家。

jour 141

Il est vraiment rare qu'on se quitte bien, car si on était bien, on ne se quitterait pas.

和平分手非常罕見，因為如果兩人的關係夠和平，便不會分手了。

Marcel Proust 馬塞爾・普魯斯特（1871-1922）
法國意識流作家。

jour 142

Les couples meurent de n'avoir plus rien à se dire.

情侶死於無話可說的那一刻。

Michel Tournier 米歇爾・圖尼埃（1924-2016）
法國作家。

jour 143 Le mariage est le sacrement de la Justice, le mystère vivant de l'harmonie universelle, la forme donnée par la nature même à la religion du genre humain.

婚姻是正義的聖事、宇宙和諧的奧祕、自然與人類宗教創造出的儀式。

Pierre-Joseph Proudhon 皮耶 - 約瑟夫 ‧ 普魯東（1809-1865）
法國互惠共生論經濟學家，無政府主義的奠基人。

jour 144 Si j'avais un fils à marier, je lui dirai : « méfie-toi de la jeune fille qui n'aime ni le vin, ni la truffe, ni le fromage, ni la musique ».

如果我有一個兒子要結婚，我會告訴他：當心那個不喝酒、不愛松露、不吃起司，也不愛音樂的女孩。

Sidonie-Gabrielle Colette 柯蕾特（1873-1954）
20 世紀初最才華洋溢、特立獨行的法國女作家與前衛舞蹈家。

jour 145 Quand nous nous marions, c'est pour trouver dans notre femme ce que nous avons inutilement demandé aux femmes des autres.

當我們結婚的時候，是為了找到那些在別人的妻子身上找不到的。

Alexandre Dumas fils 小仲馬（1824-1895）
法國劇作家及小說家，
世界文學名著《茶花女》（*La dame aux camélias*）的作者。

家庭
F

jour 146 | Le sort d'un ménage dépend de la première nuit.

一個家庭的命運取決於第一個夜晚。

Honoré de Balzac 巴爾扎克（1799-1850）
法國 19 世紀著名作家，法國現實主義文學成就最高者之一。他創作的《人間喜劇》（la Comédie Humaine）共 91 部小說，被稱為法國社會的「百科全書」。本句摘自其著作《婚姻生理學》（*Physiologie du mariage*）。

jour 147 | Le couple aimant ne recherche pas une chimérique fusion. C'est l'expression de la dualité créatrice, de l'union dans la différence, de l'ardente alliance de deux libertés.

一對恩愛的夫妻尋求的不是虛幻的融合。他們要創造的是一種雙重的表達、兩個異體的合一，以及兩種自由的熱烈結合。

Jacques de Bourbon Busset 雅克・德・波旁布賽（1912-2001）
法國作家和外交家。

jour 148 | Je pense mieux sans mari.

沒有老公，我比較能思考。

Brigitte Bardot 碧姬芭杜
法國電影女明星，暱稱「BB」。

On s'étudie trois semaines, on s'aime trois mois,
我們花了三個星期相互學習，花了三個月相愛，
on se dispute trois ans,
花了三年爭吵，
on se tolère trente ans...
花了三十年忍耐……
et les enfants recommencent.
接著孩子又讓一切重頭開始。

Hippolyte Taine 依波利特‧丹納（1828-1893）
法國評論家與史學家，實證史學的代表。

---

jour 150　Deux époux doivent se garder de se quereller quand ils ne s'aiment plus assez pour les réconciliations.

夫妻雙方必須避免吵架，當他們的愛已不足夠和解的時候。

Jean Rostand 尚‧羅斯坦德（1894-1977）
作家、道德家、生物學家、科學和法國院士歷史學家。

---

jour 151　Le mariage et le célibat ont tous deux des inconvénients ; il faut préférer celui dont les inconvénients ne sont pas sans remède.

婚姻與單身都有缺點：最好選擇那個還有補救機會的。

Sébastien-Roch Nicolas de Chamfort 襄缶（1741-1794）
法國作家，曾擔任法蘭西學院院士，以他的妙語警句聞名，曾是路易十六妹妹的祕書。本句摘自其著作《格言與思想》（*Maximes et Pensées*）。

jour 152 L'amour, dans le mariage, est une chimère.

在婚姻中，愛是一個幻想。

Honoré de Balzac 巴爾扎克（1799-1850）
法國 19 世紀著名作家，法國現實主義文學成就最高者之一。他創作的《人間喜劇》（ *la Comédie Humaine* ）共 91 部小說，被稱為法國社會的「百科全書」。

jour 153 Quand on a vingt ans de plus qu'une femme, c'est elle qui vous épouse.

當你比一個女人還成熟二十歲，她才會嫁給你。

Sacha Guitry 薩沙 · 吉提（1885-1957）
劇作家，演員，導演，製片人和編劇。

jour 154 Quand on a trop mangé, l'estomac le regrette, et quand on n'a pas assez mangé, l'estomac le regrette aussi.

吃太飽的時候，肚子難過；沒吃飽的時候，肚子也難過。

Pierre Dac 皮埃爾 · 達科（1893-1975）
法國幽默作家、喜劇演員。

date

jour 155

Si vous n'êtes pas capable d'un peu de sorcellerie, ce n'est pas la peine de vous mêler de cuisine...

如果你不能夠施一點小法術，那真的沒必要進廚房……。

Sidonie-Gabrielle Colette 柯蕾特（1873-1954）
20 世紀初最才華洋溢、特立獨行的法國女作家與前衛舞蹈家。

jour 156

La découverte d'un mets nouveau fait plus pour le bonheur du genre humain que la découverte d'une étoile.

發現一道新菜為人類帶來的幸福感，比發現一顆新的星星還多。

Jean Anthelme Brillat-Savarin 薩瓦蘭（1755-1826）
律師、法官、政治家及美食家。

jour 157

Les aliments mal revenus font les repas mal partis.

收回來的碗盤不好看，是因為送出去的食物不好吃。

Pierre Dac 皮埃爾・達科（1893-1975）
法國幽默作家、喜劇演員。

家庭
F

date

Il vaut mieux encore être marié que mort.

結婚仍比死了好。

Molière 莫里哀（1622-1673）
喜劇作家、演員，法國芭蕾舞喜劇創始人，被認為是西方文學中最偉大的喜劇作家之一。

Le lit est tout le mariage.

床是婚姻的全部。

Honoré de Balzac 巴爾扎克（1799-1850）
法國 19 世紀著名作家，法國現實主義文學成就最高者之一。他創作的《人間喜劇》（*la Comédie Humaine*）共 91 部小說，被稱為法國社會的「百科全書」。本句摘自其著作《婚姻生理學》（*Physiologie du mariage*）。

Je me suis marié deux fois, deux catastrophes : ma première femme est partie, ma deuxième est restée.

我結過兩次婚，兩次都是災難：第一任妻子離開了，第二任還在。

Francis Blanche 弗朗西斯・布蘭奇（1921-1974）
法國著名喜劇演員及作家，50 年代和 60 年代的法國電影的象徵性人物。

jour 161

Vivre en couple : je ne vois pas pourquoi je sacrifierais l'admiration de milliers de femmes au sens critique d'une seule.

關於同居：我不明白為什麼我要犧牲成千上萬女人的愛慕，而去追求一個女人吹毛求疵的感受。

Jean Yanne 尚 · 揚（1933-2003）
歌手，喜劇演員，演員，作家，導演，製片人和法國作曲家。

jour 162

Un livre de cuisine, ce n'est pas un livre de dépenses, mais un livre de recettes.

一本廚藝之書，不是一本關於消耗之書，而是一本關於收穫的書。

Sacha Guitry 薩沙 · 吉提（1885-1957）
劇作家，演員，導演，製片人和編劇。

jour 163

De tous les arts, l'art culinaire est celui qui nourrit le mieux son homme.

在所有的藝術中，烹飪是對它的信奉者最好的。

Pierre Dac 皮埃爾 · 達科（1893-1975）
法國幽默作家、喜劇演員。

家庭
F

jour 164

Une femme c'est une porte qui s'ouvre sur l'inconnu.

女人是一扇通往未知世界的門。

Louis Aragon 路易 · 阿拉貢（1897-1982）
法國詩人、作家、政治活動家，社會主義擁戴者。

jour 165 | Il y a de bons mariages, mais il n'y en a point de délicieux.

有好的婚姻，但沒有一個婚姻是美妙的。

La Rochefoucauld 拉羅希福可（1613-1680）
法國箴言作家。本句摘自其著作《人性篇言》(Maximes)。

jour 166 Dis moi ce que tu manges, je te dirai qui tu es.

告訴我你吃什麼，我就能告訴你你是誰。

Jean Anthelme Brillat-Savarin 薩瓦蘭（1755-1826）
律師、法官、政治家及美食家。

jour 167 | Le mariage est une vie, le voile est une mort.

婚姻是一場人生，面紗是一次死亡。

Honoré de Balzac 巴爾扎克（1799-1850）
法國 19 世紀著名作家，法國現實主義文學成就最高者之一。他創作的《人間喜劇》（la Comédie Humaine）共 91 部小說，被稱為法國社會的「百科全書」。本句摘自其著作《歐也妮‧葛朗台》（Eugénie Grandet）。

jour 168

On peut toujours vivre avec sa femme quand on a autre chose à faire.

每當有別的事情要忙的時候，便是可以與妻子和平共處的時候。

Alexandre Dumas fils 小仲馬（1824-1895）
法國劇作家及小說家，世界文學名著《茶花女》（*La dame aux camélias*）的作者。本句摘自其著作《女人的朋友》（*L'Ami des Femmes*）。

jour 169

On devient cuisinier mais on naît rôtisseur.

大廚是養成的，燒烤店老闆人人生來都可以當。

Jean Anthelme Brillat-Savarin 薩瓦蘭（1755-1826）
律師、法官、政治家及美食家。

date

家庭 F

jour 170

Le meilleur auxiliaire d'un diplomate, c'est bien son cuisinier.

外交官的最有利的助手，是他的廚子。

Talleyrand 德塔列朗（1754 -1838）
法蘭西主教、政治家和外交家。

La femme mariée est un esclave qu'il faut savoir mettre sur un trône.

一個已婚的女人，是坐在寶座上的奴隸。

Honoré de Balzac 巴爾扎克（1799-1850）
法國 19 世紀著名作家，法國現實主義文學成就最高者之一。他創作的《人間喜劇》（*la Comédie Humaine*）共 91 部小說，被稱為法國社會的「百科全書」。

Un repas sans fromage est une belle à qui il manque un œil.

少了起司的一餐，如同缺了一隻眼睛的美人。

Jean Anthelme Brillat-Savarin 薩瓦蘭（1755-1826）
律師、法官、政治家及美食家。

On ne fait bien que ce qu'on aime. Ni la science ni la conscience ne modèlent un grand cuisinier.

唯有熱愛才會做得好。光靠科學與理性無法成就一名偉大的廚師。

Sidonie-Gabrielle Colette 柯蕾特（1873-1954）
20 世紀初最才華洋溢、特立獨行的法國女作家與前衛舞蹈家。

Chaque repas que l'on fait est un repas de moins à faire.

我們每做一道料理，一生裡就少一道可做了。

Vladimir Jankelevitch 楊克列維奇（1903-1985）
法國哲學家和社會學家。

Les animaux se repaissent ; l'homme mange ; l'homme d'esprit seul sait manger.

動物吃飽，人進食；只有智者懂得吃。

Jean Anthelme Brillat-Savarin 薩瓦蘭（1755-1826）
律師、法官、政治家及美食家。

家庭
F

jour 176 | Le plaisir de manger est le seul qui, pris avec modération, ne soit pas suivi de fatigue.

吃的樂趣就在於，只要適度，它是唯一一個進行後不會感到疲勞的活動。

Jean Anthelme Brillat-Savarin 薩瓦蘭（1755-1826）
律師、法官、政治家及美食家。

date

jour 177

La peinture, c'est comme la merde ; ça se sent, ça ne s'explique pas.

畫作和大便一樣，你聞到它，卻無法解釋它。

Henri De Toulouse-Lautrec 亨利 · 羅特列克（1864 - 1901）
藝術家、畫家。

jour 178

La peinture, ce n'est pas copier la nature mais c'est apprendre à travailler comme elle.

繪畫並非模仿自然，而是學習自然運作的方式。

Pablo Picasso 畢卡索（1881-1973）
藝術家、畫家。

jour 179

L'angoisse, l'alcool, la solitude, les traumatismes sont d'immenses atouts pour forger un écrivain.

焦慮、酒精、孤獨、挫折，都是作家不可或缺的重要資產。

Frédéric Beigbeder 弗雷德里克 · 貝格伯德
法國藝術家、評論家、記者。

jour 180

L'art est un arrosoir, mais la nature a les nuages.

藝術像澆花的灑水器，然而大自然才能帶來豐沛的雲雨。

Alexander Pope 亞歷山大 · 波普（1688-1744）
18 世紀英國最偉大的詩人，
本句摘自其著作《論批評》（*An Essay on Criticism*）。

藝
術
F

jour 181 Etant l'impression passionnée de la vie, les arts ont pour fonction de nous mettre devant la vie dans un état passionné.

藝術呈現生命的豐沛熱情，也為我們的人生帶來熱情的生命力。

Charles-Ferdinand Ramuz 查爾斯・費迪南・拉繆（1878-1947）
作家，詩人。

jour 182 Le dessin est une lutte entre la nature et l'artiste. Il ne s'agit pas pour lui de copier, mais d'interpréter.

繪畫是自然與藝術家間的角力。畫家並非模仿，而是詮釋。

Charles Baudelaire 波特萊爾（1821-1867）
作家、詩人。

jour 183 Un beau désordre est un effet de l'art.

藝術呈現混沌的美麗。

Nicolas Boileau 尼古拉・布瓦洛（1636-1711）
詩人、評論家。

Le progrès en art ne consiste pas à étendre ses limites, mais à les mieux connaître.

藝術演進不以超越極限為目的，而是更瞭解極限所在。

Georges Braque 喬治‧布拉克（1882-1963）
畫家、雕塑家。

L'œuvre d'art naît du renoncement de l'intelligence à raisonner le concret.

藝術誕生於放棄對於有形的事物進行理性思考。

Albert Camus 卡繆（1913-1960）
法國小說家、存在主義大師、哲學家、戲劇家、評論家。
與沙特（Jean-Paul Sartre）並稱為 20 世紀法國文壇雙璧。

La musique est peut-être l'exemple unique de ce qu'aurait pu être - s'il n'y avait pas eu l'invention du langage, la formation des mots, l'analyse des idées - la communication des âmes.

若人沒有語言，不曾發明辭彙，也未研究過思想，音樂就是靈魂唯一的溝通管道。

George Sand 喬治‧桑，本名阿曼蒂娜－露茜－奧蘿爾‧杜班（Amantine-Lucile-Aurore Dupin）（1804-1876）
19 世紀法國女小說家、劇作家、文學評論家、報紙撰稿人。
她是一位有影響力的政治作家，其愛情生活、男性著裝和 1829 年開始使用的男性化筆名，在當時引起很多爭議。

jour 187

Les poètes sont les voix de ceux qui n'ont pas de voix.

詩人為失聲者發聲。

Lamartine 拉馬丁（1790 - 1869）
藝術家、作家、政治家。

jour 188

C'est très bien de copier ce que l'on voit ; c'est beaucoup mieux de dessiner ce que l'on ne voit plus que dans sa mémoire.

能臨摹雙眼所見就很棒了，而憑藉記憶畫畫更是厲害。

Edgar Degas 竇加（1834-1917）
藝術家、畫家。

jour 189

Un personnage de roman, c'est n'importe qui dans la rue, mais qui va jusqu'au bout de lui-même.

小說中的人物，是街上任何一個人，不過他一直走到他自己的盡頭。

Georges Simenon 喬治 · 西門農（1903-1989）
世界聞名的法語偵探小說家，作品超過 450 部，
是全世界最多產與最暢銷的作家之一。
他的作品被翻譯成 50 多國語言，改編成 50 多部電影及電視劇。

jour 190

Je ne veux parler que de cinéma, pourquoi parler d'autre chose ? Avec le cinéma on parle de tout, on arrive à tout.

我只想談電影，其他有什麼好談的？在電影的世界裡我們無所不包、我們成就一切。

Jean-Luc Godard 尚盧 · 高達
導演，法國新浪潮電影的奠基者之一。

jour 191　La poésie est une maladie du cerveau.

詩歌是種腦部疾病。

Alfred De Vigny 維尼（1797-1863）
藝術家、劇作家、詩人。

jour 192　La lecture, une porte ouverte sur un monde enchanté.

閱讀，通往魔法世界之門。

François Mauriac 莫里亞克（1885-1970）
法國小說家，1952 年諾貝爾文學獎得主。

jour 193　Lorsque nous nous trouvons en face d'un créateur digne de ce nom, nous ne pouvons que tourner autour de son film comme un papillon de nuit autour d'une lumière.

當我們在一個真材實料的創作者面前發現自己，我們便如趨光的飛蛾，無法克制地圍繞著他的電影。

François Truffaut 蘭索瓦 ‧ 楚浮（1932-1984）
法國著名導演，法國新浪潮的代表之一。

藝術
F

L'art véritable n'a que faire des proclamations et s'accomplit dans le silence.

真正的藝術並不昭告天下，而是默默履行。

Marcel Proust 馬塞爾 · 普魯斯特（1871-1922）
法國意識流作家。

day 195

Il n'y a pas d'art sans surprise, sans changement.

沒有驚喜、沒有變化，就沒有藝術。

Robert Bresson 羅伯特 · 布列松（1901-1999）
法國電影導演。

La mystique et le cinématographe ont comme vocation la connaissance de ce qui caché dans le visible.

神祕主義和電影院擁有同樣的使命與天職，就是能夠理解那些眼睛所看不見的。

Dalä Lama 歐仁 · 格林
美國出生的法國電影製片人及劇作家。
本句摘自其著作《電影藝術的詩學》（*Poétique ducinématographe*）。

jour 197

Le cinéma ne dit pas autrement les choses, il dit autre chose.

電影不是換個手法說事情，而是說別人不說的事。

Éric Rohmer 艾力克 · 侯麥（1920-2010）
法國電影導演、影評人、記者、作家、編劇與老師。
戰後法國新浪潮指標人物。

jour 198

Le cinéma est la plus belle escroquerie du monde.

電影是世界上最美的騙局。

Jean-Luc Godard 尚盧 ‧ 高達
導演，法國新浪潮電影的奠基者之一。

jour 199

Pour bien écrire, il faut une facilité naturelle et une difficulté acquise.

創作出好的寫作，需要先天的信手捻來，與後天的難以妥協。

Joseph Joubert 儒貝爾（1754-1824）
法國文人，以身後出版的《隨思錄》（*Pensées*）而聞名。

date

jour 200

Si le théâtre est bien le laboratoire des gestes et des paroles de la société, il est à la fois le conservateur des formes anciennes de l'expression et l'adversaire des traditions.

劇場就像是社會行動與言詞的實驗室，它既傳承舊時的表達方式，又勇於挑戰傳統。

Antoine Vitez 安端 ‧ 維德志（1930-1990）
劇場導演、演員。

藝
術
F

Cythère 塞瑟島

Un pavillon à claires-voies	夏日小屋的枝格框間，
Abrite doucement nos joies	藏匿著你我的愛撫，
Qu'éventent des rosiers amis;	玫瑰枝椏間微風習習，
L'odeur des roses, faible, grâce	玫瑰幽香，
Au vent léger d'été qui passe,	隨著夏日微風飄來，
Se mêle aux parfums qu'elle a mis ;	和她的氣息合而為一。
Comme ses yeux l'avaient promis,	如同她的雙眼允諾，
Son courage est grand et sa lèvre	她的勇氣不移，而她的唇，
Communique une exquise fièvre ;	流露溫熱的激情，
Et l'Amour comblant tout, hormis	當愛已得到滿足，——
La Faim, sorbets et confitures	留下食慾。雪酪和果醬，
Nous préservent des courbatures.	讓我們免於飢餓。

Paul Verlaine 保羅 · 魏爾倫（1844-1896）
藝術家、作家。

jour 202 | Le cinéma n'est pas un spectacle, c'est une écriture.

電影不是表演，是書寫。

Robert Bresson 羅伯特 · 布列松（1901-1999）
法國電影導演。

jour 203 | Le cinéma, c'est un rêve que l'on rend possible.

電影是一個夢，讓可能成真。

Juliette Binoche 茱麗葉 · 畢諾許
法國女演員、藝術家和舞蹈家。

jour 204

Il ne faut pas mettre du vinaigre dans ses écrits, il faut y mettre du sel.

不要在著作裡放醋，要放鹽。

Montesquieu 孟德斯鳩（1689-1755）
法國啟蒙時期思想家、律師，也是西方國家學說和法學理論的奠基人。
與伏爾泰（Voltaire）、盧梭（Jean-Jacques Rousseau）合稱「法蘭西
啟蒙運動三劍俠」。

jour 205

L'écriture a ceci de mystérieux qu'elle parle.

文學，她用神祕的口吻說話。

Paul Claudel 保羅 · 克洛岱爾（1868-1955）
法國詩人、劇作家、散文家、外交官。

jour 206

Qui nierait que le cinéma sonore nous a fait découvrir le silence ? Le silence est la plus belle conquête du parlant.

誰能夠否認，有聲電影的出現，
讓我們真正聽見了無聲？
沉默是話語最美的部分。

Henri Jeanson 亨利 · 尚松（1900-1970）
法國作家、記者和編劇。

jour 207

Bien écrire, c'est comme marcher droit.

良好的寫作，就像是走直線。

Louis Aragon 路易 · 阿拉貢（1897-1982）
法國詩人、作家、政治活動家、社會主義擁戴者。

藝術
F

jour 208

Le privilège du cinématographe, c'est qu'il permet à un grand nombre de personnes de rêver ensemble le même rêve et de montrer en outre, avec la rigueur du réalisme, les fantasmes de l'irréalité, bref c'est un admirable véhicule de poésie.

電影最不可思議的力量在於：它可以讓一大堆人同時作著一個夢，而且以如此真實的方式來呈現幻想。簡而言之，它是表現「詩」的美妙媒介。

Jean Cocteau 尚・考克多（1889-1963）
被譽為「耍弄文字的魔術師」的法國詩人，是 20 世紀藝術史上的奇才，不但身兼小說家、評論家、劇作家，同時也是前衛的電影導演和優秀的畫家、設計家。考克多的代表作品是小說《可怕的孩子們》（*Les enfants terribles*），電影《詩人之血》（*the Blood of a Poet*）。

date

jour 209

Écrire c'est une façon de parler sans être interrompu.

寫作是用不被打斷的方式說話。

Jules Renard 朱勒・雷納爾（1864-1910）
法國小說家、散文家。

jour 210

L'élégance est une question de personnalité, bien plus que de vêtements.

優雅是一種個性，而不只是服裝穿著。

Jean-Paul Gaultier 高緹耶
法國高級時裝設計大師，創立有同名的高級服裝訂製品牌。

Au fil des années j'ai appris que ce qui est important dans une robe, c'est la femme qui la porte.

多年來，我學會了一件事，就是一件禮服的重要性，取決於穿著它的女人。

Yves Saint Laurent 聖羅蘭（1936-2008）
創立同名品牌 Yves Saint Laurent。
是法國時尚設計師，被認為是 20 世紀法國最偉大的設計師之一。

Le plus beau maquillage d'une femme c'est la passion. Mais les cosmétiques sont plus faciles à acheter.

一個女人最美麗的妝容是激情。但是化妝品比較容易取得。

Yves Saint Laurent 聖羅蘭（1936-2008）
創立同名品牌 Yves Saint Laurent。
是法國時尚設計師，被認為是 20 世紀法國最偉大的設計師之一。

Habillez-vous de manière négligée, ils se souviendront de votre robe. Habillez-vous de manière impeccable, ils se souviendront de vous.

穿著破舊，人們記住衣服；穿著無瑕，人們則記住衣服裡的女人。

Coco Chanel 可可香奈兒（1883-1971）
原名 Gabrielle Bonheur Chanel，法國時裝設計師，香奈兒（Chanel）品牌的創始人。年輕時曾在歌廳和咖啡廳賣唱維生，取了藝名「Coco」。以男裝化的風格與簡約的設計，成為 20 世紀時尚界重要人物之一。

藝術
F

jour 214

Le cinéma, c'est l'écriture moderne dont l'encre est la lumière.

電影是現代的書寫，光就是它的墨水。

Jean Cocteau 尚・考克多（1889-1963）
被譽為「耍弄文字的魔術師」的法國詩人，是 20 世紀藝術史上的奇才，不但身兼小說家、評論家、劇作家，同時也是前衛的電影導演和優秀的畫家、設計家。考克多的代表作品是小說《可怕的孩子們》（*Les enfants terribles*），電影《詩人之血》（the Blood of a Poet）。

jour 215

Il n'y a pas d'œuvre d'art sans collaboration du démon.

沒有任何藝術作品，不具有某些程度上與魔鬼的合作。

André Gide 紀德（1869-1951），法國作家。

jour 216

La plupart des faiseurs de recueils de vers ou de bons mots ressemblent à ceux qui mangent des cerises ou des huîtres, choisissant d'abord les meilleures et finissant par tout manger.

大部分編纂詩集或嘉言錄的人，就像吃櫻桃或吃生蠔一樣，都先挑出最好的來吃，但最後還是全都吃下去了。

Sébastien-Roch Nicolas de Chamfort 襄缶（1741-1794）
法國作家，曾擔任法蘭西學院院士，
以他的妙語警句聞名，曾是路易十六妹妹的祕書。

jour 217

On n'est jamais trop ni pas assez habillé avec une petite robe noire.

穿著一件黑色小洋裝，永遠不顯過度打扮，也不至疏忽打扮。

Karl Lagerfeld 卡爾 · 拉格斐
有時尚大帝、時裝界的老佛爺之稱。現任法國品牌 Chanel 與義大利品牌 Fendi 創意總監，並自創同名品牌 Karl Lagerfeld。

jour 218

J'ai inventé ma vie, parce que ma vie ne me plaisait pas.

我的生活不曾取悅於我 所以我創造了自己的生活。

Coco Chanel 可可香奈兒（1883-1971）
原名 Gabrielle Bonheur Chanel，法國時裝設計師，香奈兒（Chanel）品牌的創始人。年輕時曾在歌廳和咖啡廳賣唱維生，取了藝名「Coco」。以男裝化的風格與簡約的設計，成為 20 世紀時尚界重要人物之一。

jour 219

Les talons transforment votre langage corporel et attitude. Elles vous soulèvent physiquement et avec émotion.

高跟鞋能直接改變你的身體語言和態度，也能讓你的身高和情緒都提高一度。

Christian Louboutin 克里斯提 · 魯布托，知名紅底鞋設計師。

jour 220

La mode passe, le style reste.

流行易逝，風格永存。

Yves Saint Laurent 聖羅蘭（1936-2008）
創立同名品牌 Yves Saint Laurent。是法國時尚設計師，被認為是 20 世紀法國最偉大的設計師之一。

藝術
F

La nouveauté dans la peinture ne consiste pas dans un sujet encore non vu, mais dans la bonne et nouvelle disposition et expression, et ainsi de commun et de vieux, le sujet devient singulier et neuf.

令人耳目一新的畫作，並不是因為題材新穎，而是來自出人意表的構圖和表達方式。藉此，陳舊尋常的主題也變得獨樹一格，充滿嶄新的韻味。

Nicolas Poussin 尼古拉斯 • 普桑（1594 - 1665）
藝術家、畫家。

Un beau livre, c'est celui qui sème à foison les points d'interrogation.

一本美好的書，是一本如播種般種滿大量問號的書。

Jean Cocteau 尚 • 考克多（1889-1963）
被譽為「耍弄文字的魔術師」的法國詩人，是 20 世紀藝術史上的奇才，不但身兼小說家、評論家、劇作家，同時也是前衛的電影導演和優秀的畫家、設計家。考克多的代表作品是小說《可怕的孩子們》（*Les enfants terribles*），電影《詩人之血》（the Blood of a Poet）。

Il n'y a qu'un art, qui est l'art de vivre.

藝術只有一種，那就是生活的藝術。

Jean Giraudoux 尚 • 季洛社（1882-1944）
法國小說家、散文家、外交家和劇作家。

jour 224

Le grand ennemi de l'art, c'est le bon goût.

藝術最大的敵人，是好品味。

Marcel Duchamp 馬塞爾 · 杜象（1887-1968）
美籍法裔畫家、雕塑家、西洋棋玩家與作家，
20 世紀實驗藝術的先驅，被譽為「現代藝術的守護神」。

jour 225

J'ai toujours préféré la mythologie à l'histoire parce que l'histoire est faite de vérités qui deviennent à la longue des mensonges et que la mythologie est faite de mensonges qui deviennent à la longue des vérités.

歷史與神話，我偏好後者。歷史以事實為基礎，後來都成為了謊言；神話以謊言為基礎，後來都變成事實了。

Jean Cocteau 尚 · 考克多（1889-1963）
被譽為「耍弄文字的魔術師」的法國詩人，是 20 世紀藝術史上的奇才，不但身兼小說家、評論家、劇作家，同時也是前衛的電影導演和優秀的畫家、設計家。考克多的代表作品是小說《可怕的孩子們》（*Les enfants terribles*），電影《詩人之血》（the Blood of a Poet）。

jour 226

Il n'existe pas de problèmes dans la nature, mais seulement des solutions car l'état naturel est un état adaptatif donnant naissance à un système cohérent.

自然界沒有難題，只有答案。因為自然不斷演變進化，自成連續一致的體系。

René Dubos 勒內 · 杜博斯（1901 - 1982）
農學家、科學家。

jour 227 | La petite robe noire est un élément essentiel de la garde-robe d'une femme.

黑色小洋裝是女人的衣櫥中必不可少的一部分。

Christian Dior 克里斯汀 · 迪奧（1905-1957）
法國時尚設計師，創立與他同名的時尚品牌 Dior。

jour 228 | Les pantalons de jogging sont un signe de défaite. Vous avez perdu le contrôle de votre vie, donc vous sortez en jogging

一個人所能具備最好的人格特質包括—富有美感，勇於冒險，待人真誠，並能夠犧牲自我。

Ernest Miller Hemingway 厄尼斯特 · 米勒 · 海明威（1899-1961）
美國記者和作家，被認為是 20 世紀最著名的小說家之一。

jour 229 | la robe doit suivre le corps d'une femme, pas le corps en suivant la forme de la robe.

裙子必須配合女人的身體線條，而不是女人的身體去配合裙子線條。

Hubert de Givenchy 紀梵希
創立同名品牌 Givenchy，
被讚譽為「20 世紀最才華洋溢的服裝設計師」。

date

La mer est là, magnifique, imposante et superbe,
avec ses bruits obstinés.

海洋在這裡，浩瀚壯麗，雄偉美好。

Rumeur impérieuse et terrible,

海說著無人知曉的語言，

elle tient des propos étranges.

彷若蠻橫惡劣的流言，

Les voix d'un infini sont devant vous.

在你面前絮叨不息。

Rien de la vie humaine.

海是如此獨一無二。

Eugène Delacroix 德拉克洛瓦（1798-1863）
藝術家。

---

jour 231　Mon plus grand luxe est de n'avoir à me justifier auprès de personne.

我最大的奢侈，就是從來不必對任何人證明自己。

Karl Lagerfeld 卡爾 · 拉格斐
有時尚大帝、時裝界的老佛爺之稱。現任法國品牌 Chanel 與義大利品牌 Fendi 創意總監，並自創同名品牌 Karl Lagerfeld。

---

jour 232　Où devrait-on utiliser le parfum? me demandait une jeune dame. Parfumez-vous là où vous voulez être embrassé.

一個人應該在哪裡使用香水？一位年輕女士問我。在你想要被親吻的部位，我說。

Coco Chanel 可可香奈兒（1883-1971）
原名 Gabrielle Bonheur Chanel，法國時裝設計師，香奈兒（Chanel）品牌的創始人。年輕時曾在歌廳和咖啡廳賣唱維生，取了藝名「Coco」。以男裝化的風格與簡約的設計，成為 20 世紀時尚界重要人物之一。

藝術
F

jour 233

La nature a des perfections pour montrer qu'elle est l'image de Dieu, et des défauts pour montrer qu'elle n'en est que l'image.

自然是完美的，它是上帝創造的作品；自然有缺陷，因為它只是一件作品。

Blaise Pascal 布萊茲・巴斯卡（1623 - 1662）
數學家、哲學家、物理學家、科學家。

jour 234

Le clonage c'est idiot, il faut laisser faire la nature : si on ne passe pas l'aspirateur sous le lit, les moutons se reproduisent tous seuls !

複製生命很愚蠢，我們應該讓自然運作。否則，我們若不清床底灰塵，就會跑出一堆羊來！

Aung San Suu Kyi 勞倫特・魯奎爾
記者、電視主持人。

mouton 在法文上有兩義：一為羊（此處引申桃莉羊）二為灰塵棉絮積累的毛球。

date

jour 235

Un parfum c'est ce qui nous permet de reconnaître la personne aimée, les yeux fermés.

香水可以讓我們閉著眼睛認出深愛的人。

佚名

L'influence de la mode est si puissante qu'elle nous oblige parfois à admirer des choses sans intérêt et qui sembleront même quelques années plus tard d'une extrême laideur.

時尚的影響力是如此強大，以至於我們有時必須去欣賞一些我們毫無興趣、甚至幾年後被認為極端醜陋的事物。

Gustave Le Bon 古斯塔夫 · 勒龐（1841-1931）
法國社會心理學家、社會學家。
本句摘自其著作《觀點與信仰》（ *Les Opinions et les Croyances* ）。

Dans la mode, les signifiés se défilent, et les défilés du signifiant ne mènent nulle part.

在時尚裡，揭示意義者隱蔽著，而遵循意義的隊伍通往著沒有出路的地方。

Jean Baudrillard 尚 · 布希亞（1929-2007）
社會學家及哲學家。本句摘自其著作《象徵交換與死亡》（ *Symbolic Exchange and Death* ）。

C'est une triste chose de songer que la nature parle et que le genre humain n'écoute pas.

自然說話，人類卻不去聽，是一件悲傷的事。

Victor Hugo 雨果（1802-1885）
作家，法國浪漫主義作家代表人物。

date

藝術
F

jour 239

Le Couturier le sait : chaque femme est une princesse.

設計師知道：每位女人都是公主。

Christian Dior 克里斯汀 ‧ 迪奧（1905-1957）
法國時尚設計師，創立與他同名的時尚品牌 Dior。

jour 240

La mode n'existe pas seulement dans les robes la mode est dans l'air, c'est le vent qui l'apporte, on la pressent, on la respire, elle est au ciel et sur le macadam.

時尚並不只是一件衣服那麼簡單，時尚存在於空氣中，誕生於風裡。一個人可以憑直覺感知它，它就在你頭頂的天空中，它就在你每天行進的道路上。

Coco Chanel 可可香奈兒（1883-1971）
原名 Gabrielle Bonheur Chanel，法國時裝設計師，香奈兒（Chanel）品牌的創始人。年輕時曾在歌廳和咖啡廳賣唱維生，取了藝名「Coco」。以男裝化的風格與簡約的設計，成為 20 世紀時尚界重要人物之一。

jour 241

Pour un artiste, rien dans la nature n'est laid.

對一位藝術家來說，自然中沒有醜陋的事物。

Auguste Rodin 奧古斯特 ‧ 羅丹（1840-1917）
法國雕塑家。

jour 242

Le luxe est la récompense de ceux qui n'ont pas peur de l'inconfort.

奢侈品是給那些勇於擁抱不舒適者的獎勵。

Jean Cocteau 尚‧考克多（1889-1963）
被譽為「耍弄文字的魔術師」的法國詩人，是 20 世紀藝術史上的奇才，不但身兼小說家、評論家、劇作家，同時也是前衛的電影導演和優秀的畫家、設計家。考克多的代表作品是小說《可怕的孩子們》（*Les enfants terribles*），電影《詩人之血》（the Blood of a Poet）。

jour 243

La vraie élégance est partout. Surtout dans ce qui ne se voit pas .

真正的優雅無處不在，特別是那些看不見的地方。

Aphra Behn 克里斯汀‧迪奧（1905-1957）
法國時尚設計師，創立與他同名的時尚品牌 Dior。

jour 244

Le bling-bling, on l'a fait avant les autres. On appelait çà du kitsch.

那些所謂 bling-bling、在人前秀出的豪華閃亮的東西，我們在這裡叫俗氣。

Christian Lacroix 克里斯蒂安‧拉克瓦
法國著名時裝設計師，以其名字出品的時裝頗富盛名，唯一具有博物館策展人資格的設計師，除時裝外，亦擅於繪畫、室內設計。

藝術
F

jour 245

L'homme ne commande à la nature qu'en lui obéissant.

人類無法掌控自然，除非先服從於她。

Louis-Hubert-Gonzalve Lyaute 利奧泰（1854-1934）
法國政治家、軍人、法國元帥。

Une femme sans parfum est une femme sans avenir.

不用香水的女人，是沒有未來的女人。

Coco Chanel 可可香奈兒（1883-1971）
原名 Gabrielle Bonheur Chanel，法國時裝設計師，香奈兒（Chanel）品牌的創始人。年輕時曾在歌廳和咖啡廳賣唱維生，取了藝名「Coco」。以男裝化的風格與簡約的設計，成為 20 世紀時尚界重要人物之一。

La relation existant entre l'humanité et la nature doit être faite de respect et d'amour, non de domination.

人與自然應互相尊敬與愛惜，而不是支配統治。

René Dubos 勒內 · 杜博斯（1901 - 1982）
農學家、科學家。

Toutes les inventions des hommes ne sont que des imitations assez grossières de ce que la nature exécute avec la dernière perfection.

所有人類的發明，都只是對於自然創造出的完美，一個相當粗淺的模仿。

Georges-Louis Leclerc, Comte de Buffon
喬治 - 路易 · 勒克萊爾，布豐伯爵（1707-1788）
法國博物學家、數學家、生物學家、啟蒙時代著名作家。布豐的思想影響了之後兩代的博物學家，包括達爾文和拉馬克。被譽為「18 世紀後半葉的博物學之父」。

jour 249

L'homme est fou. Il adore un Dieu invisible et détruit une nature visible, inconscient que la Nature qu'il détruit est le Dieu qu'il vénère.

人是瘋狂的。愛著看不見的神，卻摧毀看得見的自然，而不知道自然本身，即是人所崇拜之神。

Hubert Reeves 于貝爾‧雷弗
加拿大天體物理學家，科普推廣者。

jour 250

L'écologie est aussi et surtout un problème culturel. Le respect de l'environnement passe par un grand nombre de changements comportementaux.

環保也是種文化議題。對環境的尊重要經由改變行為來實踐。

Nicolas Hulot 尼古拉‧於洛
藝術家、生態學者、記者，Nicolas-Hulot 基金會創始人。

jour 251

La technique nous rend comme maîtres et possesseurs de la nature.

技術讓我們能夠當家作主，成為自然的擁有者。

Théodore Monod 西奧多‧莫諾（1902-2000）
科學博物學家、探險家、法國學者和人道主義者，
被稱為「偉大的法國沙漠專家」。

藝術 F

jour 252

Rien ne se perd ni rien ne se crée dans la nature.

在自然之中，沒有所謂的丟失，也沒有所謂的創造。

Claude Bernard 克洛德・貝爾納（1813-1878）
法國生理學家，第一位定義「內環境」的人。

jour 253

Je ne puis pas plus te montrer un papillon dans une chenille, qu'une fraise dans sa fleur : il faut que le soleil ait mûri l'un et l'autre.

我無法向你展現毛毛蟲成為蝴蝶的可能；或花朵結成草莓的未來。唯有太陽能孕育這一切。

Bernardin De Saint-Pierre 聖皮耶爾（1737-1814）
生態學者。

jour 254

La nature est une œuvre d'art, mais Dieu est le seul artiste qui existe, et l'homme n'est qu'un arrangeur de mauvais goût.

自然是一件藝術作品，上帝是唯一存在的藝術家，而人類不過是一個品味欠佳的編曲者。

George Sand 喬治・桑，本名阿曼蒂娜－露茜－奧蘿爾・杜班（Amantine-Lucile-Aurore Dupin）（1804-1876）
19 世紀法國女小說家、劇作家、文學評論家、報紙撰稿人。
她是一位有影響力的政治作家，其愛情生活、男性著裝和 1829 年開始使用的男性化的筆名在當時引起很多爭議。

Le secret des moindres plaisirs de la nature passe par la raison.

那些關於自然的祕密中，最沒有樂趣的，是憑藉理性傳達出來的。

Luc de Clapiers, marquis de Vauvenargues 德佛那格侯爵（1715-1747）
未成年法國作家。在法國文學史上，他的意義就主要在於他與他年長20 年的伏爾泰（Voltaire）的友誼。

Les réalités de la nature dépassent nos rêves les plus ambitieux.

自然裡的真實，遠勝過了我們最雄心壯志的夢想。

Auguste Rodin 奧古斯特 · 羅丹（1840-1917）
法國雕塑家。

date

Chaque jour que nous cédons au scepticisme ou l'immobilisme nous rapproche un peu plus de l'impasse planétaire.

每當我們抱持懷疑或躑躅不前，我們就捷了地球的絕境。

Nicolas Hulot 尼古拉 · 於洛
藝術家、生態學者、記者，Nicolas-Hulot 基金會創始人。

藝術
F

*Vous ne serez jamais assez soigneux quant au choix
de vos chaussures.*

永遠不該輕忽選鞋。

*Beaucoup de femmes pensent qu'elles ne sont pas
importantes,*

許多人以為鞋子並不重要，

mais la vraie preuve qu'une femme est élégante,

但真正證明一個女人優雅與否的關鍵，

est sur ses pieds.

就在於她腳踩的那雙鞋。

Christian Dior 克里斯汀 · 迪奧（1905-1957）
法國時尚設計師，創立與他同名的時尚品牌 Dior。

jour 259

L'instinct paysan ? Un don qui permet à ceux qui le possèdent de percevoir les obscures machinations de la nature.

農民的直覺？這洞察自然機制的能力，是項難能可貴的天賦。

Frédéric Pottecher 費得列克 · 波特歇（1905 - 2001）
演員、藝術家、作家、劇作家。

jour 260

Je ne puis regarder une feuille d'arbre sans être écrasé par l'univers.

我沒有辦法看著一片葉子而不為宇宙萬物的奧妙所震懾。

Victor Hugo 雨果（1802-1885）
作家，法國浪漫主義作家代表人物。

jour 261

On aime d'abord la nature. Ce n'est bien plus tard qu'on arrive à l'homme.

萬物初始，我們愛的是自然，很久以後才學會愛人。

Jules Renard 朱勒 · 雷納爾（1864-1910）
法國小說家、散文家。

jour 262

Être naturaliste, c'est penser que la nature n'a pas d'autre explication qu'elle même.

作為一個自然主義者，便是認為自然除了她本身以外，沒有它者能夠詮釋她了。

André Comte-Sponville 安德烈 · 孔德史龐畢
法國哲學家。

jour 263

En permettant l'homme, la nature a commis beaucoup plus qu'une erreur de calcul ; un attentat contre elle-même.

允許人類存在，是自然的一個小誤判，卻得來影響自身安危的大反撲。

Emil Cioran 蕭沆（1911-1995）
羅馬尼亞旅法哲人，20 世紀懷疑論、虛無主義重要思想家。
以羅馬尼亞語及法語創作格言。

jour 264

Le cinéma fabrique des souvenirs, alors que la télévision fabrique de l'oubli.

電影生產紀念，電視生產遺忘。

Jean-Luc Godard 尚盧 · 高達
導演，法國新浪潮電影的奠基者之一。

jour 265

On ne commande à la nature qu'en lui obéissant : si l'homme a pu s'envoler, il lui a d'abord fallu connaître tout ce qui l'empêchait de voler et pénétrer les mystères de la gravitation.

唯有透過服從自然，人類才能掌握她。若有一天人類能夠飛，首先必須熟知一切可能會阻止他飛行的事物及現象，並且深入了解重力的奧祕。

Alain Etchegoyen 亞蘭 · 埃切果揚（1951-2007）
法國哲學家及小說家。

date

jour 266

Tous les français ont deux métiers : le leur et critique de cinéma.

所有的法國人都有兩個職稱：一個是他們原本的，一個是電影評論家。

François Truffaut 蘭索瓦 · 楚浮（1932-1984）
法國著名導演，法國新浪潮的代表之一。

jour 267

La nature est par définition le complexe vivant dans lequel l'être humain doit enfin trouver sa juste place s'il ne veut être éradiqué par ses propres erreurs.

自然是複雜的生命整體，在其中，人類必須找到適當的位置，否則最終將被自己的錯誤消滅。

Pierre Rabhi 皮耶爾 · 哈比
法國作家，農民和環保主義者。

jour 268

La poésie est une solitude, et nous sommes des moines qui échangeons des silences.

詩是一種孤寂，而我們則是交換沉默的僧侶。

Jean Cocteau 尚・考克多（1889-1963）
被譽為「耍弄文字的魔術師」的法國詩人，是 20 世紀藝術史上的奇才，不但身兼小說家、評論家、劇作家，同時也是前衛的電影導演和優秀的畫家、設計家。考克多的代表作品是小說《可怕的孩子們》（Les enfants terribles），電影《詩人之血》（the Blood of a Poet）。

jour 269

La nature est éternellement jeune, belle et généreuse. Elle verse la poésie et la beauté à tous les êtres, à toutes les plantes, qu'on laisse s'y développer à souhait. Elle possède le secret du bonheur, et nul n'a su le lui ravir.

自然是永垂不朽的，永遠青春、美麗且大方。她澆注詩意和美感予眾生，萬物皆被應允生長成完美。她掌握了幸福的祕密，沒有人能夠奪走。

George Sand 喬治・桑，本名阿曼蒂娜－露茜－奧蘿爾・杜班（Amantine-Lucile-Aurore Dupin）（1804-1876）
19 世紀法國女小說家、劇作家、文學評論家、報紙撰稿人。
她是一位有影響力的政治作家，其愛情生活、男性著裝和 1829 年開始使用的男性化的筆名在當時引起很多爭議。

藝術
F

La nature est la source de tout ce qui existe ; son langage n'est point inintelligible et variable, comme celui des hommes et de leurs livres ; les hommes font des livres, mais la nature fait des choses. [...] Tout livre est l'art d'un homme, mais la nature est l'art de Dieu.

自然即是一切存在的源頭。她的語言並不如人類與他們寫的書那般難解。人類著作，而大自然創造。［……］。書是人類的創作，自然則是上帝的傑作。

Bernardin de Saint-Pierre 聖皮耶爾（1737-1814）
法國作家和植物學家。

date

其他
Autre

jour 271

Quelques heures ou quelques années d'attente c'est tout pareil, quand on a perdu l'illusion d'être éternel.

幾個小時或數年的等待都是一樣的，當我們失去了「永遠」這個幻覺。

Jean-Paul Sartre 尚 · 保羅 · 沙特（1905-1980）
藝術家、作家、哲學家、小說家，存在主義哲學大師及二戰後存在主義思潮的領軍人物，被譽為 20 世紀最重要的哲學家之一，其代表作《存在與虛無》（*L'existentialisme est un humanisme*）是存在主義的巔峰作品。

jour 272

Rien ne flatte les gens davantage que l'intérêt que l'on prend, ou semble prendre, à leur propos.

沒有什麼比表現出對他的話語感興趣，更奉承此人的了。

André Gide 紀德（1869-1951）
法國作家。

jour 273

Prenez du chocolat afin que les plus méchantes compagnies vous paraissent bonnes.

吃吃巧克力，能讓你最感生厭的女伴顯得甜蜜。

Madame de Sévigné 塞維涅夫人（1626-1696）
法國書信作家。其書信生動、風趣，
反映了路易十四時代法國的社會風貌，被奉為法國文學的瑰寶。

date

jour 274

On refuse d'admettre le fait-même de la diversité culturelle; on préfère rejeter hors de la culture, dans la nature, tout ce qui ne se conforme pas à la norme sous laquelle on vit.

人們拒絕承認文化多元性。他們總覺得和自身文化不同的，都稱不上是種文化。

Claude Lévi-strauss 克勞德‧李維史陀（1908-2009）
哲學家、科學家，亦是著名的法國人類學家，與弗雷澤（Sir James George Frazer）、鮑亞士（Franz Boas）共同享有「現代人類學之父」美譽。

jour 275

Il y a dans la nature française un principe d'indestructibilité qui tient à la fois à la fierté de l'esprit et à la gloire du langage.

堅信法文的榮耀與自傲是法國精神裡不可或缺的一部分。

Jean Éthier-Blais 尚‧艾提耶-布勒（1925-1995）
藝術家、批評家、作家、文學教授。

jour 276

Le temps passé avec un chat n'est jamais perdu.

與貓相處的時間，都是值得的。

Sidonie-Gabrielle Colette 柯蕾特（1873-1954）
20 世紀初最才華洋溢、特立獨行的法國女作家與前衛舞蹈家。

La langue française est une femme. Et cette femme est si belle, si fière, si modeste, si hardie, touchante, voluptueuse, chaste, noble, familière, folle, sage, qu'on l'aime de toute son âme, et qu'on n'est jamais tenté de lui être infidèle.

法文是一位女子，她美麗又驕傲，既謙虛又大膽，動人而性感，但又貞潔且高雅。像個鄰家女孩但又狂野且聰慧。我們愛她的一切，對她忠心不移。

Anatole France 阿納托爾 · 法蘭斯（1844-1924）
本名雅克 · 阿納托爾 · 弗朗索瓦 · 蒂博（Jacques Anatole Fran：ois Thibault），藝術家、作家。

Même erronés, les chiffres sont signes d'exactitude.

就算是假造的，數據仍是精確的象徵。

Jean-Claude Clari 珍 · 克勞德 · 克萊利
作家。

Nous ne sommes pas seulement corps, ou seulement esprit ; nous sommes corps et esprit tout ensemble.

人不只是肉身，也不只是靈魂，人是靈肉合一。

George Sand 喬治 · 桑，本名阿曼蒂娜－露茜－奧蘿爾 · 杜班（Amantine-Lucile-Aurore Dupin）（1804-1876）
19 世紀法國女小說家、劇作家、文學評論家、報紙撰稿人。
她是一位有影響力的政治作家，其愛情生活、男性著裝和 1829 年開始使用的男性化的筆名在當時引起很多爭議。

jour 280

Un démon ? C'est un ange qui a eu des malheurs ; un ange émigré.

惡魔？他只是個倒楣傢伙，流亡的天使。

Antoine de Rivarol 里瓦羅爾（1753-1801）
藝術家、作家、記者，親眼見證法國大革命的作家。

jour 281

La culture, c'est ce qui relie les savoirs et les féconde.

文化連結不同的知識，並孕育它們。

Edgar Morin 艾德加 · 莫蘭
哲學家、科學家。

jour 282

Borné dans sa nature, infini dans ses voeux, L'homme est un dieu tombé qui se souvient des cieux.

軀體縱有極限，人的意志無窮。人是渴望天際的墜落天神。

Lamartine 拉馬丁（1790 - 1869）
藝術家、作家、政治家。

Un humanisme bien ordonné ne commence pas par soi-même,
人道主義和自我中心不同。

mais place le monde avant la vie,
人道主義以世界為第一優先，

la vie avant l'homme,
第二是生物，第三才是人類。

le respect des autres êtres avant l'amour-propre.
對萬事萬物的尊重比自尊重要。

Claude Lévi-strauss 克勞德 · 李維史陀（1908-2009）
哲學家、科學家，亦是著名的法國人類學家，與弗雷澤（Sir James
George Frazer）、鮑亞士（Franz Boas）共同享有「現代人類學之父」
美譽。

jour 284 | Nous sommes à la fois tentés par l'hominisation des animaux, qui révèle souvent nos projections fantasmatiques, et par la bestialisation des hommes, autre manière pour nous de figer l'autre dans une animalité indigne.

我們喜歡把動物擬人化，投射自我幻想；又將人的劣根性比擬為可憎的獸性。

Antoine Spire 安東 · 司皮爾
作家、記者。

jour 285 | La phare illumine les mers. Le fard enlumine les filles.

燈塔照亮海洋，胭脂點亮女人。

Alphonse Allais 阿爾芳斯 · 阿列（1854-1905）
藝術家、幽默作家、記者。

jour 286

Parce qu'il est l'ennemi du pouvoir et le commencement de la sagesse, le doute est la seule approche philosophique raisonnable, quoiqu'il soit tout à fait légitime d'en douter.

懷疑是權力的敵人，是智慧的起始。它是哲學理性思考的唯一途徑，因此懷疑我剛說過的話非常合理。

Jean Dion 尚 · 狄翁
記者、傳記作者。

jour 287

La consommation est devenue la morale de notre monde.

購買消費主宰現今的道德觀。

Mark Twain 安東 · 司皮爾
作家、記者。

jour 288

Le doute est le plus religieux des actes de la pensée humaine.

懷疑，是人類思潮中最虔誠的行動。

Jean-Marie Guyau 尚 - 馬利 · 居友（1854-1888）
哲學家、詩人。

jour 289

Il y a des cas où tout l'art de la diplomatie consiste à maintenir les problèmes intacts le plus longtemps possible.

有時，不解決問題是最好的外交手段。

André Frossard 安德列 · 傅洛賽（1915-1995）
記者。

La cuisine c'est un art qui, pour ne pas s'abâtardir, a besoin de fantaisie, d'un petit grain de folie.

烹飪是種藝術，為了不辜負它，需要天馬行空和一點瘋狂。

Yves Courrière 伊夫 · 古希耶（1935-2012）
作家、記者。

Au bout de quinze ans de chômage, on devrait avoir droit à une retraite de chômeur.

當了 15 年的失業者，我們理應拿份失業退休金。

Georges Wolinski 喬治 · 瓦林斯基（1934-2015）
藝術家、幽默漫畫家。

Dans un monde où l'information est une arme et où elle constitue même le code de la vie, la rumeur agit comme un virus, le pire de tous car il détruit les défenses immunitaires de sa victime.

現今世上，資訊不只是武器還是人生的一切準則，而流言就像病毒，甚至像毀滅受害者的免疫系統。

Jacques Attali 賈克 · 阿塔利
作家、政治家、經濟學家。

day 293 | Il n'y a qu'une chose presque absolue c'est le libre arbitre.

唯有自由意志不可或缺。

Francis Picabia 弗朗西斯・畢卡比亞（1879-1953）
畫家。

day 294 L'historien et le romancier font entre eux un échange de vérités, de fictions et de couleurs, l'un pour vivifier ce qui n'est plus, l'autre pour faire croire ce qui n'est pas.

歷史學家與小說家彼此交換真相，虛構與想像，前者試圖重回現場，後者只為取信讀者。

Antoine de Rivarol 里瓦羅爾（1753-1801）
藝術家、作家、記者，親眼見證法國大革命的作家。

day 295 | Vous savez quelle est la différence entre un con et un voleur ? Un voleur, de temps en temps ça se repose !

知道傻瓜和小偷的區別在哪嗎？小偷還懂得時不時休息一下呢！

Georges Lautner 喬治・羅納（1926-2013）
法國電影導演和編劇。

day 296

Dans la vie, pourquoi ne pourrait-on pas tout avoir ? Puisqu'il y en a qui n'ont rien ! Ça rétablirait l'équilibre.

為什麼人不能擁有一切？世上也有人什麼都沒有啊！這樣才會達到平衡不是嗎。

Michel Audiard 賈克 · 歐迪亞
法國電影導演及編劇，以《我心遺忘的節奏》（De battre mon cœur s'est arrêté）入圍凱撒獎 10 項提名，最後獲得 8 項大獎，也讓賈克·歐迪亞獲得最佳導演獎。而《大獄言家》（A Prophet）則讓他獲得坎城影展評審團大獎，並第二度獲得凱撒獎最佳導演獎。

day 297

Un Français est un Italien de mauvaise humeur.

法國人就是一個喜怒無常的義大利人。

Jean Cocteau 尚 · 考克多（1889-1963）
被譽為「耍弄文字的魔術師」的法國詩人，是 20 世紀藝術史上的奇才，不但身兼小說家、評論家、劇作家，同時也是前衛的電影導演和優秀的畫家、設計家。考克多的代表作品是小說《可怕的孩子們》（Les enfants terribles），電影《詩人之血》（the Blood of a Poet）。

day 298

Mon passe-temps favori, c'est laisser passer le temps, avoir du temps, prendre son temps, perdre son temps, vivre à contretemps.

我最愛用來打發時間的消遣，就是：任由時間度過，有時間，利用時間，浪費時間，不按時間活出意料之外的生活。

Françoise Sagan 莎岡（1935-2004）
法國知名女性小說家、劇作家、編輯。

day 299

Le savant n'est pas l'homme qui fournit les vraies réponses, c'est celui qui pose les vraies questions.

科學家並不解答，而是提出正確的問題。

Claude Lévi-strauss 克勞德 · 李維史陀（1908-2009）
哲學家、科學家，亦是著名的法國人類學家，與弗雷澤（Sir James George Frazer）、鮑亞士（Franz Boas）共同享有「現代人類學之父」美譽。

day 300

Rien n'est plus puissant qu'une idée dont l'heure est venue.

當一個想法的時代來到，沒有什麼比它更有力量。

Victor Hugo 雨果（1802-1885）
作家，法國浪漫主義作家代表人物。

date

day 301

La parfaite valeur est de faire sans témoin ce qu'on serait capable de faire devant tout le monde.

真正的勇猛，是將在人前得以輕易達成的事，在沒人看得見時做好。

La Rochefoucaul 法蘭索瓦 · 德 · 拉羅希福可（1613-1680）
法國箴言作家。

jour 302

Tout refus de communiquer est une tentative de communication ; tout geste d'indifférence ou d'hostilité est appel déguisé.

拒絕溝通也是種溝通方式。故作冷漠或攻擊言詞，都藏著呼救的訊息。

Albert Camu 卡繆（1913-1960）
法國小說家、存在主義大師、哲學家、戲劇家、評論家。
與沙特（Jean-Paul Sartre）並稱為 20 世紀法國文壇雙璧。

jour 303

Le difficile, ce n'est pas de donner, c'est de ne pas tout donner.

困難的不是給予，而是不給出一切。

Sidonie-Gabrielle Colette 柯蕾特（1873-1954）
20 世紀初最才華洋溢、特立獨行的法國女作家與前衛舞蹈家。

date

jour 304

Que vous jetiez l'océan ou un verre d'eau sur le trou d'une aiguille, il n'y passera toujours qu'une goutte d'eau.

在針的孔眼上，不論你是倒一杯水，或是一片海洋，都只會穿過去一小小滴水。

Jules Renard 朱勒‧雷納爾（1864-1910）
法國小說家、散文家。

jour 305

Ce que j'ai appris, je ne le sais plus. Le peu que je sais encore, je l'ai deviné.

我所學會的事物，我便不再知曉。而我還知道的那一些，還是用猜的。

Sébastien-Roch Nicolas de Chamfort 襄缶（1741-1794）
法國作家，曾擔任法蘭西學院院士，
以他的妙語警句聞名，曾是路易十六妹妹的祕書。

jour 306

Ce qui est facile n'a pas de saveur.

簡易的事物欠缺風味。

Nicolas Hulot 尼古拉‧於洛
藝術家、生態學者、記者，Nicolas-Hulot 基金會創始人。

jour 307

Pour atteindre la vérité, il faut une fois dans la vie se défaire de toutes les opinions qu'on a reçues, et reconstruire de nouveau tout le système de ses connaissances.

唯有拋棄所有已知定見，人才能掌握真實，重建自身知識的新架構。

René Descartes 勒內‧笛卡爾（1596-1650）
哲學家、數學家。

jour 308

Il faudrait que tout le monde réclame auprès des autorités une loi contre toute notre indifférence.

大家都應向當權者要求一項可防制我們冷漠的法令。

Carla Bruni 卡拉・布魯尼
法國籍義大利裔著名歌手與超級名模，
前任法國總統尼古拉・薩科吉（Nicolas Sarközy）的現任妻子。

jour 309

On n'aime que ce qu'on ne possède pas tout entier

人只愛他所沒有的事物。

Marcel Proust 馬塞爾・普魯斯特（1871-1922）
法國意識流作家，1918 年出版的《在少女花影下》（À l'ombre des jeunes filles en fleurs）曾獲得了法國的龔古爾文學獎（Prix Goncourt）。

jour 310

L'homme est un animal sociable qui déteste ses semblables.

人是厭惡同類的社會動物。

Eugène Delacroix 德拉克洛瓦（1798-1863）
法國著名浪漫主義畫家。

jour 311

Le temps est un grand maître, dit-on, le malheur est qu'il tue ses élèves.

時間是個偉大的老師，但它也殺死了它所有的學生。

Berlioz 白遼士（1803-1869）
法國作曲家，
以 1830 年寫的〈幻想交響曲〉（Symphonie fantastique）聞名。

jour 312

La vérité vaut bien qu'on passe quelques années sans la trouver.

費時尋得的真理更具價值。

Jules Renard 朱爾・勒納爾（1864-1910）
法國藝術家、作家，最有名的著作為《胡蘿蔔頂部》（*Poil de carotte*）及《自然的故事》（*Les Histoires Naturelles*）。

jour 313

Qui craint de souffrir, il souffre déjà de ce qu'il craint.

畏懼受苦的人，已經深受恐懼之苦

La Fontaine 尚・德・拉封丹（1621-1695）
法國詩人。

jour 314

L'homme qui sait réféchir est celui qui a la force illimitée.

一個能思考的人，才是真正擁有無邊力量的人。

Berlioz 巴爾扎克（1799-1850）
法國 19 世紀著名作家，法國現實主義文學成就最高者之一。他創作的《人間喜劇》（*la Comédie Humaine*）共 91 部小說，被稱為法國社會的「百科全書」。

date

L'homme qui sait réféchir est celui qui a la force illimitée.

一個能思考的人，才是真正擁有無邊力量的人。

Honoré de Balzac 巴爾扎克（1799-1850）
法國 19 世紀著名作家，法國現實主義文學成就最高者之一。他創作的《人間喜劇》（la Comédie Humaine）共 91 部小說，被稱為法國社會的「百科全書」。

La meilleure façon de réaliser ses rêves est de se réveiller

使夢想成為真實最好的方式，就是覺醒。

Paul Valéry 保羅 · 瓦樂希（1871-1945）
法國作家、詩人。

On se fait toujours des idées exagérées de ce qu'on ne connaît pas.

關於未知的事情，人們總有將它誇大的傾向。

Albert Camus 卡繆（1913-1960）
法國小說家、存在主義大師、哲學家、戲劇家、評論家。
與沙特（Jean-Paul Sartre）並稱為 20 世紀法國文壇雙璧。

C'est proprement avoir les yeux fermés sans tâcher jamais de les ouvrir que de vivre sans philosopher.

將雙眼閉上，放棄睜開，才能當個哲學家。

René Descartes 勒內 · 笛卡爾（1596-1650）
哲學家、數學家。

Le style n'est pas une danse, c'est une démarche.

風格，不是一支舞曲，而是一首進行曲。

Jean Cocteau 尚・考克多（1889-1963）
被譽為「耍弄文字的魔術師」的法國詩人，是 20 世紀藝術史上的奇才，不但身兼小說家、評論家、劇作家，同時也是前衛的電影導演和優秀的畫家、設計家。考克多的代表作品是小說《可怕的孩子們》（Les enfants terribles），電影《詩人之血》（the Blood of a Poet）。

Ce n'est pas le mal, mais le bien, qui engendre la culpabilité.

造成罪惡感的，並不是惡，而是善。

Jacques Lacan 拉崗（1901-1981）
法國精神分析學大師。

Il y a toujours un moment où la curiosité devient un péché, et le diable s'est toujours mis du côté des savants.

有時好奇心終將變成罪惡，而惡魔總是藏在科學家身邊。

Anatole France 阿納托爾・法蘭斯（1844-1924）
本名雅克・阿納托爾・弗朗索瓦・蒂博
藝術家、作家。

jour 322 | L'Eternité, l'Egalité et la Liberté sont des droits, la Fraternité est une obligation morale.

永恒，平等和自由是權利，但博愛是道德義務。

Jacques Attali 賈克・阿塔利
作家、政治家、經濟學家。

jour 323 | Chaque homme est coupable du bien qu'il n'a pas fait.

每一個人，對於所有他沒有做的善，都是有罪的。

Voltaire 伏爾泰（1694-1778）
法國啟蒙時代思想家、哲學家、文學家，啟蒙運動公認的領袖和導師。
被稱為「法蘭西思想之父」。與盧梭（Jean-Jacques Rousseau）、孟
德斯鳩（Charles de Secondat）合稱「法蘭西啟蒙運動三劍俠」。

jour 324 | Se contenter d'exister, c'est boire sans soif.

滿足於自身存在的人，都是不渴而飲、自我蒙蔽的。

Jean-Paul Sartre 尚・保羅・沙特（1905-1980）
藝術家、作家、哲學家、小說家，存在主義哲學大師及二戰後存在主
義思潮的領軍人物，被譽為 20 世紀最重要的哲學家之一，其代表作
《存在與虛無》（L'existentialisme est un humanisme）是存在主義的巔
峰作品。

jour 325 | Le comptoir d'un café est le parlement du peuple.

咖啡廳的櫃檯，即是人民的議會。

Honoré de Balzac 巴爾扎克（1799-1850）
法國 19 世紀著名作家，法國現實主義文學成就最高者之一。他創作的《人間喜劇》（*la Comédie Humaine*）共 91 部小說，被稱為法國社會的「百科全書」。

jour 326 | Une certaine continuité dans le désespoir peut engendrer la joie.

某些程度的持續性絕望，可能生成最終的喜悅。

Albert Camus 卡繆（1913-1960）
法國小說家、存在主義大師、哲學家、戲劇家、評論家。與沙特（Jean-Paul Sartre）並稱為 20 世紀法國文壇雙璧。

jour 327 | Écrire est la seule vérification que j'aie de moi-même.

寫作是我自己唯一驗證自己的方式。

Françoise Sagan 莎岡（1935-2004）
法國知名女性小說家、劇作家、編輯。

date

jour 328

La joie est bonne à mille choses ; mais le chagrin n'est bon à rien.

快樂對萬物皆好，而悲傷則一無是處。

Pierre Corneille 皮耶 · 高乃依（1606-1684）
法國古典主義悲劇的奠基人，
與莫里哀（Molière）、拉辛（Jean Racine）並稱法國古典戲劇三傑。

jour 329

Il n'y a pas de verités moyennes.

只有絕對的真理，沒有半真半假。

Georges Bernano 喬治 · 貝納諾斯（1888-1948）
作家。

jour 330

Les premiers sentiments sont toujours les plus naturels.

第一直覺總是最真切的。

Madame de Sévigné 塞維涅夫人（1626-1696）
法國書信作家。其書信生動、風趣，
反映了路易十四時代法國的社會風貌，被奉為法國文學的瑰寶。

date

jour 331 | On ne fait rien de grand sans le fanatisme.

缺少那股狂熱，人們無法成就偉大。

Gustave Flaubert 福樓拜（1821-1880）
法國文學家，世界文學名著《包法利夫人》（*Madame Bovary*）的作者。

jour 332 | De temps en temps, il faut se reposer de ne rien faire.

偶爾，在什麼都不做中，也要休息一下。

Jean Cocteau 尚・考克多（1889-1963）
被譽為「耍弄文字的魔術師」的法國詩人，是 20 世紀藝術史上的奇才，不但身兼小說家、評論家、劇作家，同時也是前衛的電影導演和優秀的畫家、設計家。考克多的代表作品是小說《可怕的孩子們》（*Les enfants terribles*），電影《詩人之血》（the Blood of a Poet）。

jour 333 | Croyez ceux qui cherchent la vérité, doutez de ceux qui la trouvent.

相信那些正在尋求真理的人，質疑那些自稱已經找到它的。

Mahatma Gandhi 紀德（1869-1951），法國作家。

jour 334 | Je ne suis pas une actrice. Je ne peux me jouer.

我不是演員。我扮演的就是我自己，幕前幕後都一樣。

Brigitte Bardot 碧姬芭杜
法國電影女明星，暱稱「BB」。

jour 335

Pour être irremplaçable, Il faut être différente.

想要無可取代，就必須時刻與眾不同

Coco Chanel 可可香奈兒（1883-1971）
法國時裝設計師，香奈兒（Chanel）品牌的創始人。

jour 336

Le piano, c'est l'accordéon du riche.

鋼琴是富人的手風琴。

Michel Audiard 賈克 · 歐迪亞
法國電影導演及編劇，以《我心遺忘的節奏》（De battre mon cœur
s'est arrêté）入圍凱撒獎 10 項提名，最後獲得 8 項大獎，也讓賈克·
歐迪亞獲得最佳導演獎。而《大獄言家》（A Prophet）則讓他獲得坎
城影展評審團大獎，並第二度獲得凱撒獎最佳導演獎。

jour 337

Ne pas choisir, c'est encore choisir.

「不做選擇」本身就已經做出選擇了。

Jean-Paul Sartre 尚 · 保羅 · 沙特（1905-1980）
藝術家、作家、哲學家、小說家，存在主義哲學大師及二戰後存在主
義思潮的領軍人物，被譽為 20 世紀最重要的哲學家之一，其代表作
《存在與虛無》（L'existentialisme est un humanisme）是存在主義的巔
峰作品。

jour 338

Dans la vie il y a deux expédients à n'utiliser qu'en dernière instance : le cyanure ou la loyauté.

生活中有兩種辦法來用作為最後一招：氰化物或忠誠度。

Michel Audiard 賈克 · 歐迪亞
法國電影導演及編劇，以《我心遺忘的節奏》（De battre mon cœur s'est arrêté）入圍凱撒獎 10 項提名，最後獲得 8 項大獎，也讓賈克·歐迪亞獲得最佳導演獎。而《大獄言家》（A Prophet）則讓他獲得坎城影展評審團大獎，並第二度獲得凱撒獎最佳導演獎。

jour 339

Dans chaque petite chose, il y a un ange.

在每一件小事情裡，都有一個天使存在。

Georges Bernano 喬治 · 貝納諾斯（1888-1948）
作家。

jour 340

Le langage est source de malentendus.

語言是誤解的來源。

Antoine de St-Exupéry 安東尼 · 聖修伯里（1900-1944）
法國作家、飛行員。

jour 341

Les opinions des femmes ne sont que la suite de leurs sentiments.

女人的意見，只不過是她們情感的延續。

Madame de Sévigné 塞維涅夫人（1626-1696）
法國書信作家。其書信生動、風趣，反映了路易十四時代法國的社會
風貌，被奉為法國文學的瑰寶。

jour 342

Les vaniteux n'entendent jamais que les louanges.

自負的人除了讚美外，一向是聽不到任何話語的。

Antoine de St-Exupéry 安東尼 · 聖修伯里（1900-1944）
法國作家、飛行員，名著《小王子》（*Le Petit Prince*）作者。

date

day 343

Il ne sert à rien à l'homme de gagner la Lune s'il vient à perdre la Terre.

贏得月球，卻失去了地球，便是一無所用。

François Mauriac 莫里亞克（1885-1970）
法國小說家，1952 年諾貝爾文學獎得主。

jour 344

On ne voit bien qu'avec le cœur. L'essentiel est invisible pour les yeux.

只有用心去看，才能看清事情的真相；眼見並非絕對真實。

Antoine de St-Exupéry 安東尼 · 聖修伯里（1900-1944）
法國作家、飛行員。

jour 345

La manière la plus profonde de sentir quelque chose est d'en souffrir.

最深刻體會一件事的方式，就是深受其苦。

Gustave Flaubert 福樓拜（1821-1880）
法國文學家，世界文學名著《包法利夫人》（Madame Bovary）的作者。

jour 346

Toutes les grandes personnes ont d'abord t des enfants

所有的大人都曾經是個孩子。

Antoine de St-Exupéry 安東尼 · 聖修伯里（1900-1944）
法國作家、飛行員，名著《小王子》（Le Petit Prince）作者。

A vaincre sans péril, on triomphe sans
gloire.

沒有風險的贏，是不光榮的勝利。

Pierre Corneille 皮耶 · 高乃依（1606-1684）
法國古典主義悲劇的奠基人，
與莫里哀（Molière）、拉辛（Jean Racine）並稱法國古典戲劇三傑。

Les choses n'ont que la valeur que nous leur attribuons.

事物僅擁有我們所賦予它們的價值。

Mother Teresa of Calcutta 莫里哀（1622-1673）
喜劇作家、演員，法國芭蕾舞喜劇創始人，
被認為是西方文學中最偉大的喜劇作家之一。

Ce qui échappe à la logique est le plus précieux
de nous-même.

那些不受邏輯束縛的思想，是我們最具價值的寶物。

Florence Nightingale 紀德（1869-1951）
法國作家。

jour 350   Le voyage n'est nécessaire qu'aux imaginations courtes.

只有想像短淺的人，才非得旅行不可。

Sidonie-Gabrielle Colette 柯蕾特（1873-1954）
20 世紀初最才華洋溢、特立獨行的法國女作家與前衛舞蹈家。

jour 351   La peur est le commencement de la sagesse.

恐懼是智慧的開端。

Winston Churchill 莫里亞克（1885-1970）
法國小說家，1952 年諾貝爾文學獎得主。

jour 352   Il n'y a jamais rien de si beau qu'un sourire.

從來沒有什麼比一個微笑更美的了

W.B. Yeats 路易 · 阿拉貢（1897-1982）
法國詩人、作家、政治活動家，社會主義擁戴者。

jour 353   Ce que nous appelons hasard, c'est peut-être la logique de Dieu.

我們所謂的巧合，或許是上帝眼中的必然。

Georges Bernano 喬治 · 貝納諾斯（1888-1948）
作家。

jour 354

Le con ne perd jamais son temps, il perd celui des autres.

蠢人從來不浪費自己的時間，他浪費的是別人的。

Frédéric Dard 弗雷德里克 · 達爾（1921-2000）
法國作家，法國人最喜愛的作家之一，
曾任記者，後來投身於文學創作。

jour 355

Imperfection is beauty, madness is genius and it's better to be absolutely ridiculous than absolutely boring.

殘缺很迷人，瘋狂是種天賦，寧願可笑也不要無聊。

Marilyn Monroe 瑪麗蓮 · 夢露（1926-1962）
演員、模特兒。

jour 356

L'image alerte, l'écrit persuade.

圖像警醒世人，文字說服世人。

Nicolas Hulot 尼古拉 · 於洛
藝術家、生態學者、記者，Nicolas-Hulot 基金會創始人。

jour 357

Ne pas être à la mode est la meilleure façon de ne pas se démoder.

不追逐流行就不會過時。

Jean Dion 尚 · 狄翁
記者、傳記作者。

jour 358

Sauvons la liberté, la liberté sauve le reste.

拯救自由，自由將拯救其餘所有。

Victor Hugo 雨果（1802-1885）
作家，法國浪漫主義作家代表人物。

date

jour 359

Plus le péril est grand, plus doux en est le fruit.

風險越高，成果越是甜美

Pierre Corneille 皮耶 · 高乃依（1606-1684）
法國古典主義悲劇的奠基人，
與莫里哀（Molière）、拉辛（Jean Racine）並稱法國古典戲劇三傑。

jour 360

Les hommes gagnent des diplômes et perdent leur instinct.

人得到學歷時也失去天賦直覺。

Francis Picabia 弗朗西斯 · 畢卡比亞（1879-1953）
畫家。

jour 361　L'humour est le plus court chemin d'un homme à un autre.

幽默是人際溝通的捷徑。

Georges Wolinski 喬治 · 瓦林斯基（1934-2015）
藝術家、幽默漫畫家。

jour 362　Dans chaque petite chose, il y a un ange.

在每一件小事情裡，都有一個天使存在。

Georges Bernano 喬治 · 貝納諾斯（1888-1948）
作家。

La volupté, comme une fleur rare, demande les soins de la culture la plus ingénieuse.

感官的享樂，像一朵奇花，需要最精妙的栽培照料。

Honoré de Balzac 巴爾扎克（1799-1850）
法國 19 世紀著名作家，法國現實主義文學成就最高者之一。
他創作的《人間喜劇》（la Comédie Humaine）共 91 部小說，
被稱為法國社會的「百科全書」。

jour 364

Tendre vers l'achevé, c'est revenir à son point de départ.

最終的達成，便是回到初衷。

Sidonie-Gabrielle Colette 柯蕾特（1873-1954）
20 世紀初最才華洋溢、特立獨行的法國女作家與前衛舞蹈家。

date

date

date

date

date

date

Lifestyle 046

一天一則，日日向上肯定句
精彩英法文版 700 句

作者｜療癒人心悅讀社

美術設計｜許維玲

編輯｜劉曉甄

行銷｜石欣平

企畫統籌｜李橘

總編輯｜莫少閒

出版者｜朱雀文化事業有限公司

地址｜台北市基隆路二段 13-1 號 3 樓

電話｜ 02-2345-3868

傳真｜ 02-2345-3828

劃撥帳號｜ 19234566 朱雀文化事業有限公司

e-mail ｜ redbook@ms26.hinet.net

網址｜ http://redbook.com.tw

總經銷｜大和書報圖書服份有限公司 (02)8990-2588

ISBN ｜ 978-986-93213-9-6

初版一刷｜ 2016.10

定價｜ 320 元

國家圖書館出版品預行編目

一天一則,日日向上肯定句：
精彩英法文版700句
療癒人心悅讀社 著；——初版——
臺北市：朱雀文化，2016.10
面；公分——（Lifestyle；46）
ISBN 978-986-93213-9-6（平裝）
1.格言
192.8   105018435

About 買書

●朱雀文化圖書在北中南各書店及誠品、金石堂、何嘉仁等連鎖書店，以及博客來、讀冊、
PC HOME 等網路書店均有販售，如欲購買本公司圖書，建議你直接詢問書店店員，或上網
採購。如果書店已售完，請電洽本公司。

●● 至朱雀文化網站購書（http：／／redbook.com.tw），可享 85 折起優惠。

●●●至郵局劃撥（戶名：朱雀文化事業有限公司，帳號 19234566），掛號寄
書不加郵資，4 本以下無折扣，5 ～ 9 本 95 折，10 本以上 9 折優惠。